코넬리우스 반틸
－개혁파 변증학의 선구자

현대 신학자 평전 13

코넬리우스 반틸
－개혁파 변증학의 선구자

이승구 지음

살림

약어표

CfC_ *Case for Calvinism* (Philadelphia: Presbyterian and Reformed, 1963).
CTE_ *Christian Theistic Ethics* (Phillipsburg, NJ.: Presbyterian and Reformed, 1974).
CTEvi._ *Christian Theistic Evidence* (Phillipsburg, NJ.: Presbyterian and Reformed, 1978).
CTK_ *Christian Theory of Knowledge* (Nutley, NJ.: Presbyterian and Reformed, 1969).
CB_ *Christianity and Barthianism* (Nutley, NJ.: Presbyterian & Reformed, 1962.).
CI_ *Christianity and Idealism* (Philadelphia: Presbyterian and Reformed, 1955).
CG_ *Common Grace* (Philadelphia: Presbyterian and Reformed, 1947).
CGG_ *Common Grace and the Gospel* (Philadelphia: Presbyterian and Reformed, 1972).
Defense_ *The Defense of the Faith*, 3rd. Edition (Phillipsburg, NJ.: Presbyterian and Reformed, 1967). =『변증학』, 신국원 옮김 (서울: 기독 교문서 선교회, 1985).
GoH_ *The God of Hope* (Phillipsburg, NJ.: Presbyterian and Reformed, 1978).
IST_ *Introduction to Systematic Theology* (Phillipsburg, NJ.: Presbyterian and Reformed, 1974). =『개혁주의 신학 서론』, 이승구 옮김 (서울: 기독교문서선교회, 1995).
JA_ *Jerusalem and Athens: Critical Discussions on the Theology and Apologetics of Cornelius Van Til*, edited by E. R. Geehan (Philadelphia: Presbyterian and Refor- med, 1971).
NM_ *The New Modernism: An Appraisal of Barth and Brunner* (Philadelphia: Presbyterian and Reformed, 1946; Oxford: Oxford University Press, 1946.
DoS_ *The Doctrine of Scripture* (Phillipsburg, NJ.: Presbyterian and Reformed, 1967).
RPMT_ *The Reformed Pastor and Modern Thought* (Phillipsburg, NJ: Presbyterian and Reformed, 1971, 19802). =『개혁신앙과 현대사상』, 이승구 옮김 (서울: 엠마오, 1984).
SCE_ *The Survey of Christian Epistemology* (Phillipsburg, NJ.: Presbyterian and Reformed, 1969).

머리말

여기 코넬리우스 반틸에 관한 책을 세상에 선보인다. 아주 뛰어나고 독창적인 사상가를 제외한다면 – 그리고 아마 그들의 경우에도 – 우리의 학문은 항상 과거의 사상가들과의 대화 가운데서 이루어진다. 우리의 대화 상대가 되는 이가 깊이 있는 사상가일수록 그에 반응하는 우리가 그로부터 더 많고도 심오한 교훈을 얻을 수 있고, 그의 사상에 근거해서 더 나은 방향으로 나아가기가 쉬울 것이다. 그러나 때로는 그 대화 상대자가 너무 크고 높아 우리로 하여금 학문하는 일에 대해 절망하게 하거나 그에 비하면 너무나도 미약하고 왜소함을 절감하게 하는 때도 많이 있다. 그러나 우리는 항상 우리의 연약함과 부족함 가운데서도 절망에만 빠져 있지 말고, 귀한 선배들의 작업에 근거하여 그들이 우리를 이끌어 가는 방향으로 나아가며, 그들이 지시하는 방향으로 그들보다 더 철저하게 나아가 학문의 진정한 발전을 이루도록 해야 할 것이다.

여기 소개하는 코넬리우스 반틸은 20세기의 가장 철저한 개혁신학자라고 말할 수 있는 신학자이다. 물론 그는 평생을 변증학자로서 활동하면서, '개혁파 변증학'을 제시하고, 실제로 그런 입장에서의 변증 작업을 하였다. 그것은 모두 그의 철저한 개혁신학에서 온 것이요, 그의 독특한 변증학적 태도와 강조점도 그가 가진 개혁신학에 가장 충실한 신학과 변증 방법에 대한 추구에서 나온 것이다. 그는 의식적으로도 철저한 개혁신학을 추구하였으며, 그의 모든 독자들에게도 철저한 개혁신학에 근거하여 하나님과 사람과 온 세상을 살피고 가장 철저한 개혁신학적 체계를 제시하여 그에 근거한 변증 활동과 증언을 할 것을 요구한다. 개혁신학에 대한 그의 확신과 헌신을 보면서, 우리는 반틸을 개혁신학 전통 속에서 가장 철저하게 개혁파적 태도를 유지할 것을 요구하는 사람, 정상(正常)을 회복한 또는 정상(頂上)에 이른 기독교의 참 모습을 믿는 것이 어떠해야 하는지 강조하며, 특히 그런 신념과 입장을 가장 성경적으로 변증할 것을 강하게 요구하는 사람으로 여기게 된다.

반틸 같이 중요한 신학자의 평전을 쓰는 일은 그와 함께 공부했던—즉, 직접 반틸의 가르침 받았던 분들—이나 그 전통을 직접 전수 받은 교수님들과 함께 공부했던 분들이 해야 한다는 생각이 든다. 그러나 필자는 반틸의 직접적인 가르침을 받은 일도 없고, 미국 웨스트민스터 신학교(Westminster Theological Seminary)에서 반틸의 후계자들로부터 가르침을 받을 기회와 영광을 얻지 못했다. 필자의 반틸과의 만남은 – 대부분의 독자들의 경우와 같이 – 간접적인 것이다. 즉, 필자는 그에게 배웠던 박윤선 목사님으로부터 신약학과 변증학 과목을 배웠고, 또 반틸의 가르침을 직접 받았던 분들 – 손봉호 교수님, 최낙재 목사님, 이종윤 목사님 등 – 로부터 그에 관한 일화와 일상에 대한 말씀을 간간히 들었고, 주로는 반틸의 책들과 대화를 나누었을 뿐이다.

필자는 대학교 1년 때 처음 반틸의 책을 접하였었다. 그 때는 너무나도 철저한 그의 성경적 입장을 보고 새로운 것을 추구하는 치기(稚氣) 어린 마음에 그것이 별로 새롭지 않다고 느껴서 그것을 그냥 덮어두었다. 그러나 현대의 다양한 신학 사조의 흐름을 살펴보면서 성경에 충실한 반틸의 태도와 입장의 중요성을 깊이 느끼지 않을 수 없었다. 우리에게 성경에 이토록 충실하려고 하는, 그 때문에 온갖 비판과 비난까지도 기꺼이 감수하려는 귀한 신학자가 있다는 것이 너무나 감사한 일이다. 그래서 필자는 반틸의 생각을 우리나라에 좀더 알리기 위해서 신학대학원 재학 시절에 반틸의 *The Reformed Pastor and Modern Thought* (P&R, 1971)를 『개혁신앙과 현대 사상』(엠마오 역간)으로 번역하여 소개하였다. 그 때 합동신학교의 학생인 필자의 번역을 읽어 주시고 쾌히 추천사를 써 주시던 박윤선 목사님의 따뜻한 모습이 그의 평소의 가르침과 함께 지금도 생생하다. 또한 유학 생활을 마치고 귀국하여 조직신학을 가르치면서 조직신학 서론과 신론, 그리고 변증학의 교재로 삼기 위해 반틸의 *An Introduction to Systematic Theology* (P&R, 1974)를 『개혁주의 조직신학 서론』(CLC 역간)으로 번역하여 소개할 때에도 역시 성경에 가장 충실하려는 반틸의 태도와 입장에 대하여 감사하는 마음을 가지지 않을 수 없었다.

더구나 반틸은, 본문 가운데서 잘 나타나겠지만, (필자의 첫 번역서의 저자인) 게할더스 보스(Geerhardus Vos)의 성경신학 작업에 근거하여 자신의 신학 작업을 하려고 평생 노력했던 분이다. 필자는 반틸의 그런 태도를 매우 중요하게 생각하면서, 이런 분위기가 우리 신학계에 좀 더 확산되기를 바라는 마음으로 이 책의 서문을 쓴다. 보스(Vos)를 공동의 선생으로 모시고, 주 예수님과 구약과 바울과 요한과 다른 사도들의 가르침에 가장 충실한 신학을 하려는 우리의 노력이 이 21세기의 한국 땅에서도 의미 있는 것으로 나타날 수 있기를 원한다. 이런 작업을 통해서 보스와 반틸과 함께 대화하는 한국 그리스도인들이 좀 더 많이 나타날 수 있었으면 한다.

부디 우리 모두가 반틸을 정확히 이해하고 그의 도전을 받아 가장 성경에 충실한 신학을 형성하고, 또한 그런 입장을 성경적으로 – '전제주의적으로!' – 변증할 수 있게 되는데 이 책이 조금이라도 유용하게 사용될 수 있기를 앙기(仰祈)한다.

2007년 3월
국제신학대학원대학교 연구실에서
이승구

차 례

약어표　5

머리말　6

Ⅰ. 코넬리우스 반틸은 누구인가?　12
　1. 반틸의 생애 개요　12
　2. 반틸에게 미친 영향들　41

Ⅱ. 반틸 신학의 철학적 재진술　50
　1. 반틸의 기독교 유신론적 실재론　51
　2. 반틸의 기독교 유신론적 인식론　57
　3. 반틸의 기독교 유신론적 가치론　80

Ⅲ. 반틸의 신학적 공헌　86
　1. 가장 철저한 개혁신학의 제시　86
　2. 개혁파 변증학 제시　108
　3. 기독교 철학자들과의 대화　159

Ⅳ. 반틸에 대한 비판적 고려들　186

Ⅴ. 반틸의 영향력과 그의 후예들　200

　• 참고문헌　233

I. 코넬리우스 반틸은 누구인가?

1. 반틸의 생애 개요

코넬리우스 반틸은 미국 웨스트민스터 신학교의 변증학 교수였다. 이렇게 말하는 것이 아마 그를 가장 일반적으로, 그러나 또한 가장 정확히 소개하는 말이 될 것이다. 그는 처음부터 매우 의도적으로 성경에 충실하고자 하며, 웨스트민스터 신앙고백서와 개혁신학의 전통에 충실하고자 하는 신학교를 대변하는 신학자였다고 할 수 있다. 물론 그가 처음부터 웨스트민스터 신학교의 대변인이요, 대표 교수 같은 위치에 있었던 것은 아니다. 그러나 그는 차츰 웨스트민스터 신학교의 상징 같은 존재가 되어 갔다고 여겨진다. 후대(後代)라는 역사적 고지(高地)에 선 우리의 유리한 입장에서 평한다면, 그의 신학적 지위는 웨스트민스터 신학교의 창립자라고 할 수 있는 존 그레스햄 메이천(John Gresham Machen)보다 더 비중 있는 것이 되었다고 감히 말할 수 있을 정도이다. 그리하여 웨스트민스터 신학교가 반틸적인 특성을 잃게 되면 그 학교가 가진 가장 큰 특성 중의 하나가 상실되는 것 같은 느낌을 받게 될 정도이다. 그는 어떻게 해서 이렇게 신학적으로 중요한 위치에 서게 되었을까? 이에 답하려면 우리는 먼저 그와 웨스트민스터 신학교의 관계가 어떻게 시작되었는지 살펴보아야만 할 것이다.

이를 검토하기 위해서 우리는 우선 코넬리우스 반틸이라는 인물의 개인사(個人史)로부터 시작해야만 한다. 그리고 그에 대한 소개는 미국이 아닌 유럽의 작은 나라 네덜란드[和蘭]로부터 시작하지 않을 수 없다. 왜냐하면 코넬리우스 반틸은 1895년 5월 3일, 네덜란드 호로닝겐(Groningen) 지역의 호로우테가스트(Grootegast)에서 목장 일을 하던 농부(a dairy farmer)였던 아버지 이테 반틸(Ite Van Til)과 어머니 끌라지나 반틸(Klazina Van Til)의 여섯 째 아들로 태어났기 때문이다.[1] 그

---

[1] 이하의 정보에 대해서는 *Who's Who* 해당 항목, 그리고 *The New Dictionary Of Theology*, edited by Sinclair B. Ferguson, et al. (Downers Grove, IL, InterVarsity Press, 1988), 704-705; William White, Jr., *Van Til, Defender of the Faith* (Nashville: Thomas Nelson, 1979), 강승주 옮김, 『반틸의 생애와 사상』 (새순출판사, 1991); 그리고 상당히 화이트의 책에 의존하는 John Frame, *Cornelius Van Til: An Analysis of His Thought* (Philipsburg, NJ.: Presbyterian and Reformed Publishing,

의 조상은 화란의 다른 종족들과 잘 협력하였지만 다른 종족들보다도 더 강하고 독립 정신이 강한 프리이즈(Fries) 종족에 속한 이들이었다고 한다.[2] 코넬리우스 반틸의 할아버지인 레인더 반틸(Reinder Van Til)은 여행자들을 위한 작은 여관을 운영하면서 살았으나 그는 마치 기독교 철학자처럼 살고 신학자처럼 가족과 친구들을 가르쳤다고 한다.[3] 그는 1834년에 화란 개혁파 국가 교회에서 분리하여 소수파로 있던 개혁파 분리 교회(Afscheiding)에 속해 있었다.[4] 이 교회는 그 부모가 자신의 자녀들이 언약의 자녀임을 믿고 유아 세례를 받게 하지만, 하나님의 주권적 은총으로 때가 이르면 자녀 자신이 진정한 회개를 하고 그리스도를 믿는 일이 중요하다는 것을 강조하는 교회였다. 따라서 이 교회는 후에 아브라함 카이퍼가 유아 세례 받는 유아에 대한 가정적 중생설(the presumptive regeneration of baptized children)을 강조할 때, 카이퍼의 입장에 반대하였

1995), 제2장 등의 정보를 사용하였다. 또한 http://www.wts.edu/resources/vt.html도 보라. 특별히 각주에 밝히지 않은 것은 모든 자료에 나타나는 일반적인 정보이고, 특별히 언급이 필요한 것에 대해서만 그 출처를 각주에 밝혔다.

[2] Cf. White, *Van Til*, 26-27.
[3] White, *Van Til*, 27.
[4] 이 분리 상황과 분리파 개혁 교회에 대한 간단한 설명으로는 James D. Bratt, *Dutch Calvinism in Modern America* (Grand Rapids: Eerdmans, 1984), 6-10을 보라. 또한 이 평전 시리즈의 『헤르만 바빙크』와 그의 교단에 대한 유해무 교수의 설명도 참조하라.

다. 코넬리우스의 아버지인 이테 반틸도 분리 교회의 철저한 개혁 신앙을 물려받았으며, 주변 사람들과 비슷하게 40 에이커의 농장에서 목장 일을 하는 농부였다. 수염을 기르고 흰옷을 입고 있던 그는 마치 구약의 족장처럼 보였다고 한다.[5] 코넬리우스는 이런 아버지의 목장에서 다른 형제들과 함께 자연, 성경, 하이델베르크 요리 문답의 교육을 받으면서, 매 주일마다 온 가족과 교우들이 열심히 하나님께 드리는 예배의 분위기 속에서 자라나게 된다. 이런 코넬리우스 반틸을 두고, 그의 제자인 그레그 반센(Greg L. Bahnsen)은 "'나무 신발(klompen)'을 신는 것부터 하이델베르크 요리 문답으로 양육 받은 것까지, 그는 철저히 화란 사람이었다"라고 표현한 바 있다.[6]

갈색 눈을 지닌 코넬리우스, 즉, '께이스(Kees)'[7]가 학교에 갈 때쯤 반틸 가족은 흐로닝겐 지방과 프리즈란드(Friesland) 접경 지역인 더 레익(De Leek)으로 이사했다고 한다.[8] 그들은 이곳 20 에이커의 농장에서 당근, 양배추, 감자, 콜리플라워

---

[5] Cf. White, *Van Til*, 27.
[6] Greg L. Bahnsen, *Van Til's Apologetics: Reading & Analysis* (Phillipsburg, NJ.: Presbyterian and Reformed Publishing, 1998), 7.
[7] 그들의 가족과 가까운 친구들은 그를 늘 이렇게 불렀다고 한다. 이 점에 대해서는 Frame, *Van Til*, 289, n.12를 보라.
[8] White, *Van Til*, 31.

(couliflower) 등을 재배하고 바헬(Baggel)이라는 토탄(土炭)을 팔아 생활했다고 한다. 그러던 중, 이테 반틸의 아들인 헨드릭(Hendrik)이 징집(徵集)되어 드렌타(Drenta) 지방의 아쎈(Assen)으로 배치 받아 오랫동안 군 생활을 하게 된다. 부모님이 헨드릭 때문에 노심초사하는 동안, '께이스'(Kees) 보다 11살 많은 형 레인더(Reinder)는 결혼하여 부인과 함께 미국으로 이주한다. 그는 인디아나(Indiana) 주 하일랜드(Highland) 근처의 한 농장에서 40 에이커의 땅을 임대하여 정착한 뒤, 가족들에게 미국으로 이민 올 것을 요청하였다. 이테는 이 요청을 받고 당시 군에서 복무하고 있던 헨드릭을 남겨둔 채, 나머지 가족이 미국으로 이민할 것을 고민하게 되었다.[9]

결국 코넬리우스 반틸이 10세 때인 1905년, 반틸 일가는 기차로 로테르담(Rotterdam)으로 가서, 로테르담에서 미국 행 기선을 타고 당시 유럽인들에게 "신세계"였던 미국으로 향하게 된다. 반틸 일가는 그렇게 미국 생활을 시작하였다. 1905년 5월 19일, 뉴욕에 도착한 그들은 레인더(Reinder)가 미리 가 있던 인디아나주(州) 하일랜드(Highland, Indiana)로 가서 그곳에서 새로운 보금자리를 꾸몄다.[10] 그러므로 코넬리우스 반틸은

---

[9] Cf. White, *Van Til*, 31-32.
[10] Frame, *Van Til*, 19. 프레임은 그의 논의를 자신의 개인적 지식에서 온 것이 아니면 대개는 White, *Van Til: Defender of the Faith*

말하자면 재미 화란인 1.5세로 자라난 셈이다. 반틸의 수제자이자 그의 사상에 대하여 여러 글을 쓴 존 프레임(John M. Frame)은 반틸이 "영어를 빨리 습득하였고 중서부 지역의 화란 이민자들이 공통으로 지닌 뉘앙스는 늘 간직하고 있었지만, 화란어 악센트가 거의 없는 영어로 말했다"고 한다.11) 그 때까지 반틸은 자신의 아버지처럼 농부가 되고 싶어 했다.12) 그러나 이로부터 거의 10년 후, 반틸 일가는 인디아나 주 뮌스터(Munster)로 이사한다. 여기서 '께이스'는 장래 부인이 될 레나 끌로스터(Rena Klooster)를 만난다. 또 자신은 장차 농부로서 하나님 나라를 섬기는 것이 아니라, 하나님 말씀을 섬기는 목사로서 하나님 나라를 섬겨야 한다는 소명감을 갖게 된다.

목사로서 교회와 하나님 나라를 섬겨야 한다는 소명을 확신하게 된 19세의 반틸은 그의 가족 가운데서 처음으로, 따라서 7남 1녀의 그의 형제들 가운데 '최초로 공식적인 고등 교육을 받은 사람'이 되었다.13) 그래서 당시 미국에 살던 개혁

(Nashville: Thomas Nelson, 1979)에서 가져와 진술하였다고 밝히고 있다(19, n.2).

11) Frame, *Van Til*, 19.
12) 여러 곳에 이런 정보가 있으나 특히 David E. Kucharsky, "At the Beginning God: An Interview with Cornelius Van Til," *Christianity Today* 22 (December 30, 1977): 414를 보라.
13) Frame, *Van Til*, 19.

파 화란 사람들이 대개 그리하였듯이, 그도 1914년 가을, 미시간 주 그랜드 래피즈(Grand Rapids, MI)에 있는 칼빈 예비학교(Calvin Preparatory School)에 입학한다. 그러나 처음 몇 달은 농장일과 자연, 그리고 가족들과 사랑하던 레나 끌로스터(Rena Klooster)를 그리워하는 어려운 시절을 보냈다. 반틸은 이 당시의 경험을 바탕으로 가끔 젊은이들에게 다음과 같이 충고하는 일이 있었다고 한다:

"싫증나거나 용기를 잃고 있을 때는 결코 중대한 결정을 내리지 마십시오. 내가 한 때 그러했습니다. 만일에 하나님의 은혜가 아니었으면 나는 내가 자초한 곤경에 빠졌을 것입니다."14)

그러나 반틸은 레나의 위로에 찬 편지와 가족들의 자부심과 그를 지지하려는 노력, 그리고 그의 사촌형 헤르만 무즈(Herman Moes)와의 깊은 대화를 통해서 이런 위기를 잘 극복했다고 한다. 그는 그해 성탄절 무렵, 기숙사를 관리하는 일로 자신의 기숙사비를 마련하는 고학을 하면서도15) 철학에 대한 탐구를 지속적으로 발전시켜 나갔다. 그리하여 반틸은 결국 칼빈 대학(Calvin College)의 전신인 기독교 개혁파 대학(the Christian Reformed College)을 졸업하였다(B.A, 1922).

---

14) White, *Van Til,* 39f..
15) White, *Van Til,* 38, 39; Bahnsen, *Van Til's Apologetics,* 8.

좌 - 1916년의 칼빈 대학교와 신학교 교수단
우 - 1922년 칼빈 대학 졸업 당시의 반틸의 모습

학부를 마친 반틸은 매우 자연스럽게 칼빈 신학교(Calvin Theological Seminary)로 진학했다. 그런데 칼빈 신학교에서 1년간 공부한 뒤, 반틸은 계속하여 칼빈 신학교에서 공부할 것인지, 아니면 동부의 프린스턴 신학교로 전학할 것인지를 두고 고민하게 된다.16) 화란 개혁파 전통 가운데서 자라나서 개혁파 목사가 되기를 원하던 반틸이 스코틀랜드 장로교 전통을 지닌 프린스턴 신학교로 전학할 것을 고민하였고, 전학하기로 결심하였다는 것은 매우 흥미로운 일이다. 아마도 프린스턴 신학교 재학생은 동시에 프린스턴 대학교에서도 수강할 수 있었다는 점과 당시 프린스턴 신학교의 뛰어난 교수진들, 특히 그가 평생 존경한 구약학자요, 조직신학자인 게

---

16) 이점에 대해서 White, *Van Til*, 48f.; Frame, *Van Til*, 19를 보라.

I. 코넬리우스 반틸은 누구인가? 19

게할더스 보스
(Geerhardus Vos)

할더스 보스의 영향을 받고 싶은 마음이 그의 결정에 큰 영향을 미친 것으로 보인다.17)

프린스턴으로 옮길 때 그에게는 한편 두려워하는 마음도 있었지만, 다른 한편으로는 칼빈 대학에서 젤레마(William Henry Jellema) 교수에게 철학을 잘 훈련받은 것 때문에 안도하는 마음도 있었다고 한다. 다음 인용문은 프린스턴 신학교에서 공부하면서 동시에 프린스턴 대학교에서 철학 석사 과정을 시작할 때의 그의 심정을 잘 표현하는 말이라고 여겨진다:

> 비록 나는 미국의 위대한 사상가 가운데서 몇 사람과 지적(知的)으로 맞서야 할 시골뜨기였지만, 나는 나의 입장을 지킬 수 있다고 확신했다. 나는 젤레마 박사 밑에서 철학적으로 배운 것들로 잘 준비되어 있었다.18)

---

17) 보스에 대한 좋은 소개로는 James T. Dennison, Jr., "Geerhardus Vos," *Bible Interpreters of 20th Century*, (eds.) Walter A. Elwell & J. D. Weaver (Grand Rapids: Baker, 1999), 장세훈 역, 『20세기 복음주의 성경신학자들』 (이레서원, 2001), 130-47을 보라.

18) White, *Van Til*, 51. 젤레마 박사로부터 받은 영향에 대해서는 다음 절을 참조하라.

결국, 최선을 다해 공부한 반틸은 프린스턴 대학교에서 문학 석사 학위를 받고(M.A, 1924), 동시에 프린스턴 신학교에서 신학사 학위를 받는다(Th.B, 1924). 그는 신학부 2학년 때, "악과 신정론"(Evil and Theodicy)이라는 제목의 논문으로 논문상을 수상하였으며(1923), 3학년 때는 "신학적 맥

윌리엄 헨리 젤레마
(William Henry Jellema)

락에서의 의지"(The Will in Its Theological Relations)라는 논문으로 700불의 논문상을 받았다고 한다(1924).[19] 신학부를 마친 뒤, 반틸은 계속하여 프린스턴 신학교에서 찰스 핫지의 손자요 워필드의 후계자인 카스퍼 위스터 핫지(Casper Wistar Hodge, 1870~1937)의 지도 아래 신학 석사 학위를 받았다(Th.M, 1925).

그는 이 때 논문 지도 교수였던 조직신학의 카스퍼 핫지(Casper W. Hodge) 뿐만 아니라, 구약학의 로버트 윌슨(Robert Dick Wilson, 1856~1930)과 오스왈드 알리스(Oswald T. Allis, 1880~1973), 그리고 신약학의 윌리엄 암스트롱(Willi- am Park Armstrong, 1874~1944) 등의 교수들과 함께, 그가 평생 자신

---

19) White, *Van Til*, 71.

의 가장 존경하는 스승으로 여겼던 게할더스 보스(Geerhardus Vos, 1862~1949)의 큰 영향을 받게 된다.20) 뒤에 살펴보겠지만, 보스의 영향은 그에게 가장 큰 것이었다. 보스와 반틸은 개인적 친분도 아주 깊어서 1949년 보스가 소천하자 그의 가족들은 장례식 설교를 반틸에게 부탁할 정도였다.21)

찰스 핫지(1797~1878)

그 후 반틸은 프린스턴 대학교에서 인격주의적 관념론자(personalistic idealist)인 아치볼드 알렌 보우만(Archibald Allen Bowman, 1883~1936)으로부터 뛰어난 학생으로 인정받아 대학원 장학금(a graduate fellowship)을 받게 된다.22) 반틸은 보우만 교수의 지도 아래 관념론(idealism)에 대한 연구를 하고, 「하나님과 절대자(God and the Absolute)」라는 논문으로 철학박사 학위(Ph.D in philosophy)를 받게 된다(1927).23) 박사 학

---

20) 반센은 보스가 반틸에게는 "그의 마음에 가장 가까운 교수(the professor closest to his heart)"였다고 말하고 있다(Bahnsen, *Van Til's Apologetics*, 9).
21) Cf. R. L. Webster, "Geerhardus Vos (1862~1949): A Biogrphical Sketch," *Westminster Theological Journal* 40/2 (1978), 316f., n.21.
22) Cf. Bahnsen, *Van Til's Apologetics*, 9.
23) 후에 반틸은 같은 제목으로 짧은 논문을 써서 *Evangelical Quarterly* 2 (1930): 358-88에 기고한다.

위 취득 두 달 전에 학술지에 실린 그의 첫 글이 나왔다. 그것은 화이트헤드(Alfred North Whitehead)가 쓴 『형성 과정 중에 있는 종교(Religion in the Making)』에 대한 서평이었다.24)

반틸은 신학 석사(Th.M) 학위를 얻던 해인 1925년 9월 15일, 자신이 뮌스터 시절부터 사

1925. 9. 15. 결혼 사진

랑하던25) 레나 끌로스터(Rena Klooster, 1978년 사망)와 혼인하였다. 그리고 박사 학위를 취득한 해(1927)에, 미시간주의 머스케곤 노회(the Classis of Muskegon)에 목사 임직 청원을 하였다. 반틸은 목사 임직 청원을 한 후 기독교 개혁파 교단(CRC)의 규례대로 6주를 기다리는 동안, 그의 고향인 화란을 방문하였다. 그가 화란에 있는 동안 그랜드 래피즈(Grand Rapids)의 베티스(Bates)가(街)에 있는 기독교 개혁교회가 그를 청빙했다. 그러나 반틸은 자신이 도시 목회에 어울리지 않는

---

24) *Princeton Theological Review* 25/2 (1927): 336-38. 반센은 이 서평을 분석하면서 여기서 반틸의 전제주의적 변증의 모습이 전형적으로 잘 나타난다고 하였다(Bahnsen, *Van Til's Apologetics*, 10).

25) 이 점에 대해서는 Frame, *Van Til*, 20: "his childhood sweetheart"를 보라.

I. 코넬리우스 반틸은 누구인가? 23

다고 여겨 이 청빙을 사양한다. 그러나 그는 얼마 뒤에 그랜드 래피즈에서 30마일 거리에 있는 스프링 레이크(Spring Lake)의 기독교 개혁 교회에서 온 청빙을 기쁨으로 받아들인다. 그는 짧은 독일 여행 – Leipzig, Berlin, Postsdam, Hamburg – 을 거쳐 다시 화란으로 돌아와 베르까우어(G. C. Berkouwer) 등을 접견한 뒤 미국으로 돌아온다. 반틸은 드디어 그의 모교단인 기독교 개혁교회(Christian Reformed Church)의 목사가 되어, 70여 가족으로 구성된 미시간주 스프링 레이크(Spring Lake)의 기독교 개혁교회에서 기쁘게 목회하였다(1927~28).

그러나 그로부터 1년이 지난 1928년 여름, 반틸은 자신의 모교인 프린스턴 신학교의 변증학 담당 전임 강사(instructor)로 1년 동안 수고해 달라는 요청을 받는다. 이는 메이천(John Gresham Machen)이 1928년 6월 20일, 학교 이사회에 (자신이 1926년 5월에 워필드 후임으로 초빙 받았을 때 주저하며 받아들였던) 변증학과 윤리 교수직(the Stuart Professorship of Apologetics and Christian Ethics) 초빙 결정을 철회해주도록 요청한 결과였다.[26] 흥미롭게도 이 공석에 일단 반틸이 강사가 되도록 청빙하는 일을 직접 주선한 사람은 프린스턴에서

---

26) 이에 대해서는 Ned B. Stonehouse, *J. Gresham Machen: A Biographical Memoir* (Grand Rapids: Eerdmans, 1954: 3rd Edition, Philadelphia: Westminster Theological Seminary, 1978), 436을 보라.

반틸에게 변증학을 가르친 교수였고, 후에 반틸이 그의 변증 방법을 정면으로 공박하게 되는 윌리엄 브렌톤 그린(William Brenton Greene, 1854~1928)이었다. 당시 은퇴 교수였던 그가 반틸을 이사회에 추천하여 그로 하여금 변증학과에서 강의하도록 한 것이다.[27] 메이첸은 이 일의 성사(成事)를 매우 기쁘게 여겼다. 이는 메이첸이 1929년 9월 25일자로 그의 어머니께 보낸 다음 편지 내용에서 잘 드러나고 있다.

> 근래 가장 좋은 소식은 신학교를 갓 졸업한 반틸 군이, 스티븐슨 박사(Dr. Stevenson)의 강한 반대에도 불구하고, 이사회 교육 과정 위원회(the Directors' Curriculum Committee)로부터 이번 해에 변증학 과목을 가르치도록 요청받고, 그 요청을 수락하였다는 것입니다. 이는 근자에 일어난 일 가운데 진전(進展)으로 여길만한 최초의 일입니다. 반틸 군은 나중에 훌륭한 교수가 될 충분한 자질을 가지고 있습니다.[28]

목회와 교수직 사이에서 고민하던 반틸은 스프링 레이크 개혁 교회의 허락을 받아 1년 동안 안식년을 얻어 그 기간 동안

---

[27] 이에 대해서는 Bahnsen, *Van Til's Apologetics*, 10을 보라.
[28] Stonehouse, *Gresham Machen*(『메이첸의 생애와 사상』, 그리심 역간), 437에서 재인용.

프린스턴에서 가르치기를 시작한다. 이렇게 그는 1928년 가을부터 1929년 봄까지 두 학기에 걸쳐 프린스턴 신학교에서 변증학을 가르쳤다. 매우 흥미로운 것은 그의 강의 첫 학기부터 그는 자신의 전제적 접근 방법을 제시했다는 점이다.[29] 그리고 그 해에 반틸이 『프린스턴 신학 논평』에 기고한 '헤르만 바빙크의 책에 대한 서평'에서도 소위 중립 지대(neutral territory) 개념을 반박하면서, "신앙을 전파하고 변증하는 일에 모든 수단을 다 동원하려면" 우리는 중립적인 태도를 마땅히 버려야만 한다고 주장하였다.[30]

이렇게 1년 동안 잘 가르친 반틸에게 프린스턴은 매우 호의적 태도를 나타내 보인다. 즉, 1929년에 프린스턴 신학교는 반틸에게 메이천이 이전에 사양했던 변증학과 윤리 담당 교수직(the Stuart Chair of apologetics and ethics)을 제안한 것이다. 그러나 반틸은 자유주의적 이사들이 들어서면서 정통적 칼빈주의의 역사적 입장을 벗어버리고, 1924년의 '어번 선언'(Auburn Affirmation)처럼 당시 교회 안에 있는 '모든 다양한 관점들'을 대변하도록 재구성된 학교를 돕는 것에 별로 큰 의미를 느끼지 못하여 그 제안을 받아들이지 않았다.[31] 반틸

---

29) 이 점에 대한 좋은 소개로 White, *Van Til*, 81ff.를 보라.
30) Van Til, Review of H. Bavinck's *Paedagogiosche Beginselen* & *De Nieuwe Opvoeding*, *The Princeton Theological Review* 27/1 (1929): 135-36.

은 그 당시에 프린스턴 신학교의 정규 교수가 아니고 일종의 강사였으므로 엄밀히 말하자면 '그가 사임했다'는 표현을 쓰기는 사실 어렵지만, 프린스턴에서 그에게 변증학 교수 자리를 제공하려 했던 사실을 고려한다면, 반틸은 결국 이 중요한 시기에 윌슨, 알리스, 그리고 메이천 등과 함께 프린스턴 신학교를 사임하였다고 말할 수도 있는 것이다. 이는 장로교 교단 내의 자유주의를 지향하는 움직임, 특별히 1929년 총회에서 프린스턴 신학교의 이사회와 평의회를 해산하고 새로운 평의회를 구성하면서, 그 위원 중에 '어번 선언'에 서명한 두 명의 목사들을 선출하여 프린스턴 신학교를 자유주의적 방향으로 이끌어 가려고 하는 것에 대해 강한 반대 의사를 표현한 것이라고 보아야 한다.[32] 결국, 반틸은 스프링 레이크 개혁 교회의 목사직으로 돌아가게 된다. 그리고 그 여름에 반틸은 독자(獨子)인 얼 칼빈 반틸(Earl Calvin Van Til)을 얻게 된다.[33]

그 때 프린스턴 신학교의 교수직을 사임한 다른 교수들은 자신들이 사임한 프린스턴의 정신과 신학을 계승하고 핫지, 워필드, 그리고 보스가 세운 전통 속에서 학생들에게 칼빈주의적

---

31) 이 점에 대해서 Frame, *Van Til*, 22를 보라.
32) 당시 미국 장로교 내의 움직임과 동향, 그리고 그와 연관된 프린스턴 신학교의 자세한 사항은 White, 87-90; Stonehouse, *J. Gresham Machen*, chaps. 18-22를 보라.
33) Bahnsen, *Van Til's Apologetics*, 11.

정통주의적 신학을 계속 가르치고자 새로운 신학교를 설립할 마음을 모으게 된다. 이로부터 '구프린스턴(Old-Princeton) 전통'이라는 용어가 사용되었다고 할 수 있다. 워필드에 대한 메이천의 존경은 대단한 것이어서, 메이천은 1921년 워필드가 소천했을 때의 느낌을 다음과 같이 표현했을 정도라고 한다:

> 워필드 박사께서 돌아가시자, 나에게는 위대한 기관이었던 구-프린스턴이 죽은 것 같았다 …… 그의 모든 결점에도 불구하고 그는 내가 알았던 그 어떤 사람보다도 위대한 사람이었다.[34]

그런 전통을 계승하고자, 신실하고 식별력 있는 장로교 성도들의 발의로 이제까지 프린스턴 신학교가 감당했던 그 사명을 계속하여 감당하여 구-프린스턴 전통을 이어갈 신학교를 세우자는 계획이 구체적으로 수립되었다. 그렇게 하여 마침내 필라델피아 중심부 파인가 1528번지의 4층짜리 건물을 알리스 박사로부터 헌납 받아 웨스트민스터 신학교가 시작되었다.[35]

메이천은 이 새로운 신학교의 설립을 주도하면서 "기꺼이

---

34) Stonehouse, *Gresham Machen*, 310에서 재인용.
35) Stonehouse, *J. Gresham Machen*, 454.

좌 - 그레스햄 메이천(J. Gresham Machen, 1881-1937)
우 - 로버트 딕 윌슨(Robert Dick Wilson, 1856-1930)

그의 인생과 행복, 그리고 명성을 다 바쳤다."36) 1929년 가을 웨스트민스터 신학교가 세워질 때 여러 교수들이 메이천과 함께 헌신하게 된다. 즉, 30여개 셈어(sematic languages)에 정통한 구약학의 세계적 권위자로서 고등 비평(higher criticism)에 대한 강한 비판자인 70대의 윌슨(Robert Dick Wilson),37) 그리고 수년간 『프린스턴 신학 논평(Princeton Theological Review)』을 편집했으며 모든 이들에게 사상적인 자극을 주면서도 품위 있고 교양 있는 신사로 인정받던 알리스(Oswald T. Allis)38)가 메이천과 뜻을 같이 하였다. 그리고 좀 더 젊은 교

---

36) White, *Van Til*, 81.
37) 윌슨에 대한 좋은 소개로는 Walter C Kaiser, "Robert Dick Wilson," *Bible Interpreters of 20th Century*, 116-29를 보라.
38) 알리스에 대한 소개로 John H. Skilton, "Oswald T. Allis," *Bible Interpreters of 20th Century*, 196-209를 보라.

수들로는 당시 미국에서 가장 훌륭한 설교자들 가운데 한 사람이라고 인정받고 있던 실천신학의 카이퍼(R. B. Kuiper),[39] 신약학의 스톤하우스(Ned Stonehouse, 1902~62),[40] 구약학의 앨런 맥레이(Allan MacRae), 그리고 교회사의 폴 울리(Paul Woolley)가[41] 교수진에 참가하였다. 이 때 메이천은 변증학 교수로 반틸을 초빙하려고 했다. 그러나 반틸은 스프링 레이크 개혁 교회를 떠나는 것을 무척 꺼려하면서 계속 사양하였다. 수많은 서신 왕래와 앨리스 교수의 방문, 그리고 스톤하

---

[39] R. B. 카이퍼에 관한 소개로는 Stonehouse, *J. Gresham Machen*, 450; 그리고 James D. Bratt, *Dutch Calvinism in Modern America*, 270, n.20을 보라.

[40] 그도 반틸처럼 칼빈 대학과 프린스턴 신학교에서 공부했고, 암스테르담의 자유 대학교에서 호로사이데(Grosheide)의 지도 아래서 박사학위를 하였다. 그는 주목할 만한 젊은 어학자로 인정받고 있었으며, 스포츠를 좋아하여 학생들과 좋은 관계를 유지했다고 한다(White, 92-93.). 스톤하우스에 대한 좋은 소개로 Dan G. MaCartney, "Ned B. Stonehouse," *Bible Interpreters of 20th Century*, 249-65; 그리고 다음 웹사이트도 보라:
http://www.wts.edu/general/founders/stonehouse.html.

[41] 그는 프린스턴 대학교(1923)와 신학교에서 2년을 공부한 뒤, 영국 케임브리지와 독일 베를린에서 2년을 더 공부하고 다시 프린스턴으로 돌아와 졸업하였다(Th.B & Th.M, 1928). 기억력이 비상한 것으로 유명했던 그는 중국 내지 선교회(China Inland Mission) 소속 선교사로 헌신하려고 하였으나 극동 정세의 변화 때문에 중국으로 가지 못한 채, 웨스트민스터에서 교회사 전임 강사와 행정담당자라는 이중 직무를 감당하게 되었다고 한다(White, 93). 울리에 대한 소개로 Stonehouse, *Gresham Machen*, 448-49; 또한 http://www.wts.edu/general/founders/woolley.html도 보라.

웨스트민스터 신학교의
창립 교수단

우스와 함께 메이천 자신이 8월에 기차를 타고 친히 찾아와 부탁했는데도 반틸은 메이천이 낙담하여 돌아갈 정도로 고사하였다고 한다.

  그러나 결국 반틸은 웨스트민스터 신학교 개교 며칠 전에 그 역사적인 교수 초빙을 받아들인다. 그래서 반틸과 함께 하는 웨스트민스터 신학교의 초대 교수진(founding faculty)이 완비되었고, 드디어 1929년 5월 25일에 프린스턴 신학교에서 따라 온 50여명의 학생들과 함께 위더스푼 홀(Witherspoon Hall)에서 웨스트민스터 신학교 개교 예배를 드리게 된다. 이 예배 식에서 초대 교수회의 의장이었던 메이천은 다음과 같이 선언하였다.

> 여러분, 프린스턴 신학교는 죽었지만 프린스턴 신학교의 숭고한 전통은 살아 있습니다. 웨스트민스터 신학교는

하나님의 은혜로, 손상되지 않은 그 전통을 존속시키기 위해 노력할 것입니다. 곧 그것은 얼버무림과 타협이라는 기초가 아니라 하나님의 말씀에 대한 헌신의 올바른 기초 위에서 구(舊)-프린스턴이 보유했던 바로 그 원리들을 보유하려는 노력일 것입니다. 첫째, 우리는 장로교의 신앙 고백이 설명하는 것처럼 기독교가 참되다는 것을 믿습니다. 둘째, 우리는 기독교가 학적인 변증을 환영하며, 그것을 할 수 있다는 것을 믿습니다. 셋째, 우리는 두려움이나 편애 없이 그리고 교회 내에서든지 교회 밖에서든지 기독교가 죽음 가운데 있는 인류를 구원하는 유일한 길임을 반대하는 것이 무엇이든 간에, 그것에 분명히 반대하여 기독교를 선포해야 한다고 믿습니다.[42]

이런 정신으로 시작된 웨스트민스터 신학교에서 반틸은 2개월 반 된 아들 얼(Earl)을 데리고 신학교 근처 알리스 박사 집에 살면서 변증학을 가르치기 시작하였다. 전원생활에 좀 더 친숙하고 그 생활을 좀 더 동경하는 반틸과 그의 부인 레나는 아주 어렵게 필라델피아 생활을 시작했다고 한다. 그런 점에서, 이 때 반틸 가족이 모든 일을 당신님께서 정하신 계획에 따라 행하시는 분의 목적에 순종하는 마음으로 임하였다는 화이트의 평가는 매우 옳다고 할 수 있다.[43]

---

42) White, 98-99에서 재인용.

반틸은 처음에 1학년 학생들에게 변증학을 가르쳤다. 또 형이상학의 역사에 대한 선택 과목을 개설하여, 자신의 박사 학위 논문을 발전시켜 강의하면서 칸트 철학의 문제점을 집중적으로 드러냈다고 한다. 이렇게 시작된 반틸의 웨스트민스터 신학교 교수 사역은 매우 의미 있는 것이었다. 또한 반틸은 처음부터 기독교 철학의 정식화에도 큰 관심을 보여, 그의 첫 글에서 반틸은 "기독교 유신론적 지식론"(A Christian Theistic Theory of Knowledge)과 "기독교 유신론적 실재론"을 다루었다.44) 얼마 후 그의 첫 강의안이 『변증학의 형이상학(The Metaphysics of Apologetics)』이라는 제목으로 나오게 되는데 (1932), 그 내용은 얼마 후에 『기독교 인식론 개요(A Survey of Christian Epistemology)』라는 제목의 강의안으로 바뀌어 계속 사용되었다.

그러다 1936년에 이르러, 메이천과 다른 목사들이 치리를 받아 교단으로부터 제명되었다. 그 원인 중 하나는 메이천이 미국 장로교단 선교부 정책에 반발하여 1933년에 세운 독립 선교부(Independent Mission Board) 문제 때문이었다. 메이천은 교단이 자신의 입장에 대하여 성경적 논증을 하지 못하게 하는 것 등에 대하여 반발하였고, 이 복잡한 상황 가운데서

---

43) White, 98.
44) *The Banner* 66 (1931): 984, 995, 1032.

결국 메이천과 130명의 다른 목사들은 1936년 6월 11일, 펜실베니아의 Reformed Episcopal Church에 모여 결의서에 서명하고 새로운 교단을 창설하여 그 교단을 미국 장로교회(the Presbyterian Church of America)라고 명명한다. 하지만, 기존의 장로교회가 제소하는 바람에 결국 새롭게 창립된 이 교단명을 얼마 후에는 정통 장로교회(the Orthodox Presbyterian Church)로 개명하게 되었다(1939년 2월).

이 교단이 창립될 때 반틸은 동료 교수인 카이퍼(R. B. Kuiper)와 함께 메이천에게 동감을 표하고자 자신의 모교단(母敎團)인 기독교 개혁 교회(Christian Reformed Church)에서 정통장로교회(OPC)로 교적으로 옮겨, 1987년 그가 죽기까지 정통장로 교회의 목사로 있었다.[45] 이 때 반틸이 했던 고민을 화이트는 이렇게 표현하였다:

> (그는 그 자신이) 그리스도의 왕국의 더 큰 유익을 위해 어느 교단에서 더 유용하게 쓰일 것인지 고민하였다 …… 그 자신이 (이제까지 속해 있는) 교단은 성년(成年)에 달해 있었고 보기 드문 능력을 가진 학자들과 목사들이 (많이) 소속되어 있었다. 그러나 새 교단은 아직 강보(襁褓)에 싸여 있었다.[46]

---

45) 이 점에 대해서는 Frame, *Van Til*, 24를 보라.

이렇게 고민하던 반틸은 결국 더 약한 쪽을 돕기로 결단한 것이다. 그리고 그 다음해인 1937년 여름, 웨스트민스터 신학교는 파인가 1528번지를 떠나 현재 장소인 체스트너트 힐(Chestnut Hill)로 자리를 옮기게 되었다.

R. B. 카이퍼(R. B. Kuiper)

그러다가 신학교 설립을 주도했고 교수회의 의장을 맡고 있던 메이천이 56세 때인 1937년 1월 1일, 폐렴으로 갑자기 소천한다. 그러자 스톤하우스(Stonehouse), 울리(Woolley), 그리고 (실천신학 분과로 자리를 옮긴 카이퍼를 대신하여 1931년부터 조직신학을 가르쳐 오던) 존 머리(John Murray) [47] 등과 함께 반틸도 정교수가 되어 메이

---

46) White, *Van Til*, 62.
47) Murray는 1922년에 글라스고우 대학교를 졸업하고, 미국 프린스턴 신학교에 와서 신학사와 신학 석사를 받았다(1927). 에딘버러 뉴 칼리지에서 더 연구하다가 1929년 카스퍼 핫지의 일을 돕기 위해 프린스턴으로 가서 가르쳤다. 그러나 분위기의 변화를 절감한 그는 프린스턴에서 자신의 의무를 다한 뒤, 1930년에 웨스트민스터에 합류했다고 한다(White, 108). 그에 대한 사이트로 http://en.wikipedia.org/wiki/John_Murray_(theologian)를 보라. 또한 그의 전기로 Ian Murray, *The Life of John Murray: Professor of Systematic Theology, Westminster Theological Seminary, Philadelphia, Pennsylvania 1937~1966* (Edinburgh : Banner of Truth Trust, 1984)를 보라.

천 사후의 웨스트민스터를 공고히 하려고 힘썼다.[48]

반틸은 이미 1930년대부터 바르트의 신학에 관심을 갖고 바르트의 책과 신학을 분석하기 시작했다.[49] 그 결과로서 나온 것이 반틸의 첫 주저라고 할 수 있는『새로운 현대주의(The New Modernism)』라고 할 수 있다.[50] 칼 바르트와 에밀 브룬너의 신학을 분석하고 비판한 이 책에서, 반틸은 그들의 신학 배후에 있는 칸트 철학적 토대가 어떻게 바르트의 신학을 비객관적인 방향으로 이끌어 갔는지를 잘 드러내었다. 더구나 반틸은 1959년에 일본, 대만, 홍콩과 한국을 방문할 때, 특히 중국의 신학자들이 바르트에게 기울어 있는 것을 보고 바르트 사상에 대하여 성경적으로 정확한 제시를 하는 것이 필요하다

---

[48] 특히 변증학을 중심으로 하여 메이천과 반틸의 관계에 대한 좋은 논의로 Greg L. Bahnsen, "Machen, Van Til, and the Apologetical Tradition of the O.P.C." in *Pressing Toward the Mark: Essays Commemorating Fifty Years of Orthodox Presbyterian Church*, (ed.) Charles G. Dennison (Philadelphia: Committee for the Historian of the O.P.C., 1986), 259-94를 보라. 이 논문은 http://www.cmfnow.com/articles/PA064.htm에서도 찾아 볼 수 있다.

[49] Cf. Van Til, *Theology of Crisis*, Syllabus (Philadelphia: Westminster Theological Seminary, 1935); idem, "Karl Barth on Scripture", *Presbyterian Guardian* 3 (1937): 137-38; idem, "Karl Barth on Creation", *Presbyterian Guardian* 3 (1937): 204-205; 그리고 idem, "Karl Barth and Historic Christianity", *Presbyterian Guardian* 4 (1937): 108-109.

[50] Van Til, *The New Modernism* (Philadelphia: Presbyterian and Reformed, 1946).

는 것을 절감하였다고 한다. 그의 연구 결과로 반틸은, 다른 저서인 『기독교와 바르트주의(Christianity and Barthianism)』의 제목이 시사하듯, 바르트의 신학과 기독교를 대조적으로

은퇴 후 반틸의 모습

보아야 한다고 결론지었다. 반틸의 이런 분석과 평가는 그의 많은 글과 강의에 지속적으로 나타나고 있다.[51]

반틸은 1950년대에 칼빈 신학교 교장으로 초빙을 받았지만, 여러 가지 고려 끝에 웨스트민스터 신학교에 남기로 결단하였다고 한다.[52] 1955년에 그는 이전에 낸 여러 판의 강의안들을 정리하여 그의 저서 중에 가장 많은 사랑을 받은 저서 『변증학』을 『신앙의 변증』(The Defense of the Faith)이라는

---

51) 반틸이 제시하는 바르트주의와 기독교에 대조에 대해서는 특히 NM과 CB, 그리고 "Credo", JA; IST, v, 186, 190, 199, 204-205, 213-15; CTK, 62-64; "Has Barth Become Orthodox?", *Westminster Theological Journal* 16 (1954): 135-81; "The Later Heidegger and Theology", *Westminster Theological Journal* 26 (1964), 153-54, 161을 보라. 또한 Edmund Clowney, "Preaching the Word of the Lord: Cornelius Van Til, V.D.M." in Frame, *Van Til*, 424-29, 437(클라우니의 이 글은 본래 *Westminster Theological Journal* 46 (Fall 1984): 233-53에 실렸던 것이다); "Cornelius Van Til 사상에서의 '합리성'에 관한 연구", 『개혁신학에의 한 탐구』 (웨스트민스터 출판부, 1995), 239-31도 보라.

52) 이에 대해서는 Bahnsen, *Van Til's Apologetics*, 18을 보라.

I. 코넬리우스 반틸은 누구인가? 37

제목으로 출판한다. 그는 이 책에서 자신의 전제주의적 관점을 충분히 설명하고 다른 관점들과 비교하면서 다른 입장들을 전제주의적 입장에서 비판하고 있다. 그 후에도 그는 자신의 전제주의적 변증을 여러 책에서 제시하고 성경적 입장과는 다른 입장들에 대하여 강한 비판을 계속해 왔다. 반틸은 1972년에 은퇴하여 명예 교수가 될 때까지 웨스트민스터 신학교의 변증학 교수로 있으면서 철저한 개혁신학, 특히 개혁파 변증학에 대한 그의 논의를 전개하였다. 반틸 교수는 은퇴 후에도 1979년까지는 웨스트민스터 신학교에서 때때로 가르쳤다고 한다. 그의 아내 레나는 그와 50년을 해로하다가 1978년 1월에 소천하였다.[53] 반틸은 그 후에도 고령의 나이를 무릅쓰고 자주 도서관에 나와 공부하며 연구하는 모습으로 학생들에게 큰 교훈을 주다가[54] 1987년 4월 17일에 하늘의 부름을 받았다.

반틸의 성격과 태도, 학생들을 가르치는 스타일에 대해서는 그와 직접 접촉하고 직접 가르침을 받은 이들이 주는 정보에 의존할 수밖에 없다. 그의 후계자라고 할 수 있는 프레임

---

53) 이에 대해서는 Bahnsen, *Van Til's Apologetics*, 20을 보라.
54) 이는 1979년 이후 웨스트민스터에서 공부했던 한국 학생들이 전해 준 정보에 의존해서 진술한 것이다. 특히 오광만 교수와 신국원 교수의 진술을 기억한다.

은 반틸 자신의 책 안에 나타난 반틸은 강하고 대립자에게 가혹하다는 인상을 주지만, 사실 그는 기본적으로 "자애롭고 매력적인 성격(gracious and charming in person)"을 가졌다고 말한다.55) 반센도 "반틸을 개인적으로 안 사람들은 누구나 반틸이 원칙과 확신의 사람일뿐만 아니라, 따뜻함과 동정심을 지닌 사람임을 증언해 줄 수 있을 것이다"라고 말한다.56) 반틸은 공부를 많이 하지 않은 이들과도 자신의 집과 거리에서 오랫동안 이야기하였다고 한다. 그는 자주 병원을 찾아 환자들을 돌아보고 대화하며 기도하였고, 양로원에서 기꺼이 설교하려고 했다. 그는 시간과 물질을 다른 이들을 위해 기꺼이 사용하였으며, 뉴욕 시에서 노방 전도(street preaching)를 하였고, 대통령들과 공적인 인물들에게 복음 전도를 희망하는 편지를 써보냈다고 프레임과 반센 등은 말하고 있다.

프레임은 반틸이 생전에 즐겨 사용했던 다양한 유머들도 언급한다. 그 중에 그의 화란 사람됨에 대한 유머를 하나만 소개하면 다음과 같다: "화란 사람은 유대인에게 물건을 사서 스코틀랜드 사람에게 팔 때조차도 이윤을 남길 수 있는 유일한 사람이다."57) 그리고 그는 프레임에게 야외 활동을 좋아하는

---

55) Frame, *Van Til*, 27.
56) 이에 대해서는 Bahnsen, *Van Til's Apologetics*, 18을 보라.
57) Frame, *Van Til*, 28.

자신이 "성격상 학자가 되기는 어려운 사람"이라고 말했다고 한다.[58] 그러나 그는 신학자의 길을 택하여 열심히 공부하고, 가르치며, 학생들도 열심히 공부하게 하는 역할을 해냈다.

그는 다른 것보다는 항상 하나님의 말씀을 섬기는 자(VDM: *Verbum Dei Minister*)라는 명칭을 선호하였고, 이에 걸맞게 아주 수려하고 도전적인 설교를 했다. 그의 설교를 직접 들었던 사람들은 그의 설교는 그의 뛰어난 가르침보다 더 나았다고 한다.[59] 그는 대개 자신의 책이나 '미출판' 강의안을[60] 읽어 오도록 하고, 그 중에서 개념 중심의 강의를 하였다고 한다. 따라서 그의 강의는 철학 용어와 개념, 사상가들의 사상을 설명하되, 때로는 그것을 단순화시켜 설명하는 식이었기에, 그 효과가 다양하였을 것임을 짐작할 수 있다. 때로 어떤 이들은 반틸이 하는 강의의 요점을 이해하였다고 생각하였으나, 그것이 명확한 분석을 필요로 하는 것이라는 것

---

58) Frame, *Van Til*, 29.
59) Frame, *Van Til*, 29-30. 반틸의 설교는 *The God of Hope* (Phillisburg, NJ.: Presbyterian and Reformed, 1978)에서 찾아 볼 수 있다. 그리고 반틸의 설교에 대한 이해와 설교자로서의 모습에 대한 좋은 논의로는 Edmund Clowney, "Preaching the Word of the Lord: Cornelius Van Til, V.D.M." in Frame, *Van Til*, 423-43을 보라.
60) 말이 '미출판'이지 실제적으로는 출판된 것이나 다름 없이 책의 형태로 구할 수 있었으나(예를 들어서 그의 『개혁주의 조직신학 서론』을 보라), 그는 겸손히 '미출판'을 강조했다고 한다. 참고. Frame, *Van Til*, 30, n.22.

을 잘 이해하지 못한 채 자신들이 반틸을 이해했다고 생각하곤 하였다고 하면서 프레임은 이들에 대하여 안타까운 마음을 표한다. 즉, 반틸이 말하는 요점은 옳은 것이나 그것은 철학적으로 많은 논의를 거쳐야 상대편들이 납득할만한 것이 될 수 있다는 것까지를 이해했어야만 했었다는 것이다.

2. 반틸에게 미친 영향들

반틸은 과연 어떤 사람들의 영향을 받아서 그의 독특한 사상을 형성하고 제시하였을까? 일단 그에게 직접 영향을 준 사람들을 생각해 보고, 그 본질적인 영향이 과연 어디서부터 왔는지에 대해서 논의해 보기로 하자.

칼빈 대학 시절, 반틸은 고전 헬라어를 가르치던 클라스 스콜란트(Klaas Scholland) 교수를 가장 존경했다고 한다.[61] 칼빈 신학교에서는 루이스 벌코프(Louis Berkhof), 사무엘 볼베다(Samuel Volbeda) 등의 가르침을 받으면서 화란 개혁파 신학 전통을 습득하였다. 반틸은 특히 아브라함 카이퍼(Abraham Kuyper, 1837~1920)의 신학과 사상을 높이 샀다고 한다. 대학 시절부터 카이퍼의 책을 탐독한 반틸은 그의 주장 가운데

---

61) White, *Van Til*, 41.

루이스 벌코프(Louis Berkhof)

어떤 것은 카이퍼에게 의존하고 있음을 아주 자연스럽게 말하곤 하였다. 좁은 의미의 조직신학 분야에서는 카이퍼와 함께 역시 헤르만 바빙크(Herman Bavinck)의 큰 영향을 말하지 않을 수 없다. 그는 특히 자신이 동의하는 부분에 대하여 말할 때는 카이퍼와 바빙크를 같이 언급하기를 즐겼다.62) 그러므로 칼빈 시절의 반틸은 화란 개혁파 신학, 그 중에서도 특히 카이퍼, 바빙크, 그리고 그들을 미국에 용약된 형태로 잘 소개한 벌코프의 영향을 받았다고 할 수 있다.

또한 반틸은 대학 시절에 "미국에서 가장 뛰어난 철학 교사"라는 칭송을 들었던 윌리엄 헨리 젤레마(William Henry Jellema)에게 철학을 배웠다.63) 아마 반틸이 후에 프린스턴 대학교에서 관념론(idealism)을 연구하고, 관념론과 밀접한 관계를 가지면서 '인격주의' 운동을 발전시켰던 보우만(A. A.

---

62) 동일한 점을 드러내는 White, *Van Til*, 44를 보라.
63) Frame, *Van Til*, 21. 이는 유명한 비기독교 철학자인 폴 바이스(Paul Weiss)가 젤레마 교수에 대하여 평가한 것이라고 한다.

Bowman) 밑에서 박사 학위를 받은 것도 젤레마가 이전에 하버드의 관념론자 조시아 로이스(Josiah Royce)와 함께 공부한 것으로부터 영향을 받은 것이 아닌가라는 견해가 있다.[64] 따라서 반틸의 신학 저술을 보면 아주 자연스럽게 관념론자들이 즐겨 쓰는 용어들이 많이 나타나고 있다. 그러나 반틸은 이를 기독교적인 내용으로 대치하여 사용하고 있다. 즉, 그는 당대의 주류 철학자들인 관념론자들의 용어를 사용하고 있지만, 반틸 자신의 사상은 그들과 대립하고 있다는 말이다.

그런가 하면 프린스턴 신학교에서는 역시 게할더스 보스(Geerhardus Vos, 1862~1949)로부터 가장 큰 영향을 받았으며, 반틸은 보스의 학생이요 후에는 친구가 되었다고 할 수 있다. 보스의 모든 제자들은 "여윈 모습을 하고, 기지가 뛰어나며, 특이한 화란어 억양을 가지고, 자신이 가르치는 과목들을 깊이 이해하면서도 자신을 내세우지 않으며, 사랑하는 개 테디(Teddy)를 데리고 프린스턴 거리를 산책하던" 보스를 애정 어린 마음으로 기억하고 있다.[65] 그 중에서도 반틸이 평생 보스를 얼마나 존경했는지 잘 보여 주는 예화는 아주 많이 있다. 가장 대표적인 예를 든다면, 그가 항상 보스의 초상을 그의 연구실 벽에 걸어 놓고 보스를 본받기 원하는 태도를 자주

---

64) Frame, *Van Til*, 21.
65) White, *Van Til*, 57.

고백한 사실을 들 수 있을 것이다. 또한 반틸은 프린스턴 신학교 캠퍼스에서 보스가 화란어로 쓴 자작시를 반틸에게 들려주곤 했던 때를 자주 회상하면서 이야기했다고 한다.66)

이에 걸맞게 반틸은 그의 저작 곳곳에서 보스적인 성경 신학적 사유에 충실한 모습을 드러내고 있다. 클라우니 교수가 잘 지적한 대로, "게할더스 보스의 성경 신학은 반틸 박사의 사상과 설교에 계속해서 영향을 미쳤던 것이다."67) 예를 들어서, 반틸은 카이퍼를 존경하고 높이 사면서도, 카이퍼에 대한 보스의 평가에 동의하면서 (1) 카이퍼가 성경의 여러 저자들을 너무 동일하게, 즉 역사성을 무시하고 취급한 것, (2) 성경 신학이라는 명칭뿐만이 아니라 그 개념까지 거부한 점, 그리고 (3) 성경 기자들과 그 후의 기독교 세대의 신학적 활동 사이에 불연속성을 너무 강조한 점 등에 대하여 이의를 제기하기도 했던 것이다. 또한 반틸은 아주 의식적으로 보스적인 성경 신학적 사유에 근거하여 그의 변증학과 윤리학 내용을 전개하여 설명하고 있다. 그러므로 반틸은 보스에게서 개혁파적으로 신학하는 태도를 배웠고, '특별 계시의 역사'에 주의하면서 신학하는 개혁파 성경 신학을 배웠으며, 그리고 무엇보

---

66) Edmund Clowney, "Preaching the Word of the Lord" in Frame, *Van Til*, 425.

67) Clowney, "Preaching the Word of the Lord" in Frame, *Van Til*, 436.

다도 보스의 숭고한 인격에 큰 영향을 받았다고 할 수 있다.

또한 반틸이 직접 만나지는 못했지만, 프린스턴에서 그가 존경한 인물로는 워필드(B. B. Warfield)와 워필드의 선생님이요 전임자인 찰스 핫지(Charles Hodge)를 들 수 있을 것이다. 반틸이 공부할 당시, 이들은 프린스턴의 "전설"이었으며 미국이 낳은 가장 위대한 신학자들로 인정되고 있었다. 또한 프린스턴의 카스퍼 핫지(Casper W. Hodge, 1870~1937), 로버트 윌슨(Robert Dick Wilson, 1856~1930), 오스왈드 알리스(Oswald T. Allis, 1880~1973) 등의 교수들이 미친 영향도 같이 생각해야 한다. 예를 들어, 윌슨은 그의 히브리어 강의 시간에 다음과 같은 말을 종종 하였다고 한다:

> 여러분, 나는 성경을 읽을 때 때로 나를 근심스럽게 하는 문제들이 있다는 것을 인정하지 않을 수 없습니다. 나는 한 사람의 죄인이며 나의 이해력이 제한되어 있는 까닭에 (그런 문제가 나에게 제기 되는 것을) 이해할 수 있습니다. 그러므로 나는 명백하지 않은 것에 대하여 그 책임을 하나님께 돌리려고 하지 않습니다. 나는 그것을 내 자신의 무지에 돌리렵니다. 다만 나는 이렇게 말할 수 있습니다. 50년 이상 하나님의 말씀을 연구해 본 결과, 이 세상에는 구약성경과 신약성경의 원본에 단 하나의 부정확함이라도 있다고 충분히 주장할 수 있는 사람은

단 한 사람도 없다는 결론에 이르렀다고 말입니다.[68]

성경을 존중하는 이런 태도가 프린스턴 학생들에게 얼마나 깊이 전달되었는지는 말할 필요가 없을 것이다. 반틸도 평생 이런 태도를 유지하였다. 이 점에 대해서는 워필드의 글을 모아 『성경의 권위와 영감』을 낼 때 반틸이 써서 붙인 서문을 참조해 보는 것이 좋을 것이다.[69]

반틸이 학생으로 공부하던 당시 프린스턴의 교수로서 반틸에게 큰 영향을 끼친 인물 가운데 반틸이 직접 수업을 듣지 못한 인물은 매우 아이러니칼 하게도 존 그레스햄 메이천(John Gresham Machen)이다. 반틸은 메이천이 강의하는 과목을 이미 칼빈 신학교에서 듣고 편입하였기 때문이다. 반틸은 알렉산더 홀(Alexander Hall)의 같은 층에서 '다스' 메이천('Das' Machen)이라고 불리던 메이천과 친숙하게 지냈다. 하지만, 그의 인격적 영향과 채플 설교와 책을 통한 감화가 있었을 뿐이라고 할 수 있다. 반틸에 대한 전기를 쓴 화이트는 보스가 숭고한 인격으로 반틸에게 가장 큰 인상을 남겼다면, 메이천의 다니엘과 같은 용기가 그의 태도와 앞을 내다보는

---

68) White, *Van Til*, 62에서 재인용한 것이며, 강조점은 필자의 것임.
69) Van Til, "Introduction" to B. B. Warfield, *The Inspiration and Authority of the Bible* (Philipsburg, NJ.: Presbyterian and Reformed, 1948), 3-68.

능력에 영향을 미쳤다고 평가하고 있다.70) 그런 메이천의 모습은 웨스트민스터 신학교 개교일에 메이천이 행한 연설에서 잘 나타나고 있다:

> 여러분, 프린스턴 신학교는 죽었지만 프린스턴 신학교의 숭고한 전통은 살아있습니다. 웨스트민스터 신학교는 하나님의 은혜로 손상되지 않는 그 전통을 지키고자 노력할 것입니다. 곧 그것은 얼버무림과 타협이라는 기초가 아니라, 하나님의 말씀에 대한 헌신의 올바른 기초 위에서 구(舊)-프린스턴이 보유했던 바로 그 원리들을 보존하려는 노력입니다. 첫째 우리는 장로교의 신앙고백이 설명한 것처럼 기독교가 참되다는 것을 믿습니다. 둘째 우리는 기독교가 학문적인 변증을 환영하며, 그것을 할 수 있다는 것을 믿습니다. 그리고 셋째, 우리는 두려움이나 편애 없이 그리고 교회 안에서든지 밖에서든지 기독교가 죽음 가운데 있는 인류를 구원하는 유일한 길임을 반대하는 것은 그것이 무엇이든 간에, 그것에 분명히 반대하며 기독교를 선포해야 한다고 믿습니다.71)

또한 메이천이 『기독교인가, 자유주의인가?』(1924)를 이것

---

70) White, *Van Til*, 62에서 재인용.
71) Machen, "Westminster Theological Seminary: Its Purpose and Plan" (September 25th, 1929), Stonehouse, *Gresham Machen*, 458에서 재인용.

이냐 저것이냐의 문제로 제시하였던 것처럼, 반틸도 그와 같은 방식으로 이번에는 『기독교인가, 바르트주의인가?』(1962)를 이것이냐 저것이냐의 문제로 제시했다고 여겨진다.72)

그리고 반틸에게 멀면서도 강한 영향을 준 인물로는 역시 칼빈을 말하지 않을 수 없다. 그는 상당히 많은 부분에서 칼빈의 사상을 잘 정리하여 제시하고 있으며 자신이 칼빈의 사상에 충실한 작업을 하고 있다는 점을 부끄러워하지 않고 인정하였다. 그는 스스로 창조적이기 보다는 칼빈이 잘 정리하여 가르친 성경적 사상에 충실하려고 했다. 그러나 제대로 연구하는 학자들에 의해서 성경에 충실하려고 했던 칼빈이 창조적인 신학자라고 인정되듯이, 반틸도 창조적인 신학자라고 인정하지 않을 수 없다. 성경과 개혁파적 전통에 충실하면서도 창조적일 수 있음이 이들의 예에서 잘 나타난다.

이런 영향 아래서 형성된 반틸의 사상은 과연 어떤 것이었을까? 반틸은 역사적 기독교(historic Christianity)의 입장을 '기독교 유신론(Christian theism)'이라고 부르기를 즐겨한다.73) 반틸은 대개 이런 자신의 사상인 기독교 유신론을 먼저 신학적으로 제시하고, 그 뒤에 그것을 철학적으로 설명하곤

---

72) Van Til, *Christianity and Barthianism* (Nutley, NJ.: Presbyterian & Reformed Publishing House, 1962).

73) CTEvi., i-ii.

하는데, 이 책에서 우리가 주로 신학적 논의를 할 것이므로 우리는 다음 장에서 그의 사상을 전통적 철학의 분류에 따라 이해하는 일로부터 시작해 보기로 하겠다.[74]

---

[74] 그러나 그는 때때로 스스로도 철학적 정식화를 시도하기도 하였다. 예를 들어, 위에서도 언급한 바와 같이, 반틸은 그의 첫 글을 "기독교 유신론적 지식론"(A Christian Theistic Theory of Knowledge)과 "기독교 유신론적 실재론"이라는 제목으로 출간하였다(*The Banner* 66 [1931]: 984, 995, 1032).

II. 반틸 신학의 철학적 재진술

이 장에서는 반틸의 신학적 입장을 전통적 철학의 분류에 따라서 존재론과 인식론과 가치론 중심으로 재진술해 보기로 한다. 신학자의 사상을 그렇게 정리한다는 것이 이상하게 보일 수도 있지만, 반틸과 관련해서는 이런 것이 전혀 생경한 작업이 아니다. 반틸은 변증 작업을 시도하기 전에 때때로 그 스스로가 그런 식으로 자신이 믿는 '기독교 유신론'(Christian theism)을 철학적으로 재해석하는 작업을 한 일이 있었기 때문이다. 그러므로 여기서는 반틸이 하고 있는 작업들을 하나로 모아 정리하는 작업을 해 보려고 시도해 보고자 한다.

1. 반틸의 기독교 유신론적 실재론

반틸의 존재론은, 그의 표현을 빌려 한 마디로 표현한다면, '이층적 존재론(two layer theory of reality)'이라고 할 수 있다.[75] 그는 이 '이층적 존재론'에 아주 충실하다. 이층적 존재론이란 그가 강의 시간에 늘 그리던 두 개의 동그라미로 잘 표현될 수 있다. 위에 그려지는 커다란 동그라미는 하나님의 존재를 나타내는 것이고, 아래에 그려지는 작은 동그라미는 창조된 존재 전체를 표현하는 것이다.[76] 반틸은 모든 것을 하나님의 존재에 근거하여 말하면서, 그렇게 하는 것이 자신이 의미하는 이층적 존재론이라고 한다.

반틸은 기본적으로 "궁극적이며 영원하신" 하나님의 존재를 근원적인 것으로 여긴다. "하나님만이 영원하시다"(CTE, 41). 그래서 반틸은 이렇게 말한다: "하나님은 결코 자기 자신 이외의 그 어떤 것과 (근원적으로) 관련되어 있거나 그것에 의존하시는 분이 아니시다. 하나님은 그 자신의 존재의 원천이시다. 아니, 차라리 원천이라는 말을 하나님께 적용하는 것

---

75) *Defense*, 29=『변증학』, 45; IST, 12=『개혁주의 신학 서론』, 28: "two levels of existence"
76) 이에 대해서는 거의 모든 반틸의 제자들이 언급한다. 대표적인 예로 Frame, *Van Til*, 53; Bahnsen, *Van Til's Apologetics*, 228, n.155.; 그리고 White, 165에 인용된 Grady Spires의 묘사 등을 보라.

조차도 잘못된 것이다. 하나님은 절대적(absolute)이시다. 그는 자신에 대하여 자충족적(自充足的)이시다"(*Defense*, 2, 9). 또 다른 곳에서 반틸은 이렇게도 말한다: "우리는 하나님에게서 절대적 '숫자적 하나됨'(numerical identity)을 보게 된다. 따라서 그의 내적인 질적 충족성(internal qualitative sufficiency)이 드러나는 것이다"(IST, 215=『개혁주의 신학 서론』, 356).

이 때문에 반틸은 하나님의 다른 모든 속성들은 자존성(aseity)에 포함된다는 취지의 말을 하는 바빙크를 즐겨 인용한다.(IST, 206=『개혁주의 신학 서론』, 341). 그리고 하나님의 불변성은 불변성을 말하는 성경의 말씀(말 3:6; 약 1:7)과 하나님의 자존성(自存性)에서 자연스럽게 추론되는 것이라고 본다. 그러므로 반틸과 전통적 기독교가 말하는 하나님의 불변성은 인간의 추상적 사유의 결과물인 아리스토텔레스의 부동의 동자(unmoved mover)와 다를 뿐만 아니라 대조적인 것이기도 하다(IST, 210=『개혁주의 신학 서론』, 348).

반틸은 하나님의 계시에 근거하여 하나님의 비공유적 속성들—자존성, 불변성, 무한성, 단일성—이 모두 하나님의 자충족적인 풍성하심에 속한 것으로 이해해야만 한다고 보았다. 프레임은 바로 이점이 반틸의 창조적 신학의 한 부분이라고 지적한다.[77)]

반틸은 또한 기독교의 전통적 신학에서 늘 그렇게 이해하고 표현한 대로 하나님을 '필연적 존재'(necessary being)로 이해한다: "하나님은 필연적으로 존재하신다"(Defense, 43=『변증학』, 61; IST, 235=『개혁주의 신학 서론』, 391). 즉, 하나님은 존재하지 않을 수 없는 존재이시다. 다시 말하자면, "기독교적 관점에서는 하나님의 비존재를 생각하는 것도 불가능하다"(IST, 9-10=『개혁주의 신학 서론』, 24). 그는 또한 그 외의 다른 모든 것의 근원이시다. "하나님은 창조된 이 세계가 생성되기 '이전'에 존재하신다"(Defense, 29=『변증학』, 46) 그러므로 "그는 우리들의 본원이시며 절대적으로 필요 불가결한 배경이시다"(Defense, 43=『변증학』, 61).

그런데 그 근원이신 필연적이고 절대적인 하나님께서는 영원부터 본래적으로 삼위일체로 존재하신다. 그 안에 '영원한 여럿(eternal many)'과 '영원한 하나(eternal one)'가 조화롭게 있는 것이다. 그리고 "삼위일체 안에서는 참으로 철저한 인격적 관계가 있다 …… 삼위는 각기 다 하나님을 철저히—즉, 消盡的으로— 대표하는 것이다"(SCE, 78-79; cf. 97). 그리고 이 '영원한 하나와 여럿' 즉, 삼위일체 하나님은 '창조된 하나와 여럿'에 '선행'(先行)하신다(Defense, 29=『변증학』, 46). 이와 같이 반틸은 이 삼위일체 하나님께서 이 우주가 있기 전부터

---

77) Frame, *Van Til*, 56-57, 그리고 n.15.

존재하신다는 것을 강조한다. 그뿐만이 아니라, 그 하나님 자신이 삼위일체 하나님이시므로 – 즉, 그가 다양성 가운데 통일성을 가지고 계시므로 –, 그가 창조하신 이 세상도 다양성 가운데 통일성을 지니는 것이다.[78] 또한 이 세상의 사실과 법칙은 그 어느 것이 우선하지 않고 모두 다 동등하게 중요한 것이다. 삼위일체 하나님께서 계시기에 이 세상의 사실들과 법칙들이 참으로 제대로 유기적으로 연관되어 있으며, 이해되고 설명될 수 있는 것이다. 하나님이 없으면 개별적인 것들도, 그 관계도, 구체적인 것들도, 보편적인 것도 규정하여 말할 수 없게 된다. 이 모든 것의 근원은 '영원한 하나와 여럿'이신 삼위일체 하나님이시기 때문이다.

그러므로 반틸은 '하나님의 존재에 대한 증명' 같은 것을 시도하지 않는다. 또한 하나님은 '아마도 존재하실 수 있는 하나님'이라고 말하거나 '하나님께서 존재하실 수 있는 개연성(probability)이 그가 존재하시지 않을 가능성보다 더 크다'는 식의 말을 결코 하지 않는다. 오히려 반틸은 하나님에 관하여 그렇게 말하는 것에 대하여 언제나 크게 격분한다. 반틸은 필연적으로 존재하시는 하나님에 대하여 그런 식으로 말하는 것 자체가 하나님 앞에서 있을 수 없는 일을 자행하는

---

78) Cf. SCE, 132-82; CI, 7-110; *Defense*, 25-28=한역, 40-44; IST, 230=『개혁주의 신학 서론』, 381; CG, 64.

매우 심각한 문제임을 매우 강조한다. 이처럼 반틸은 하나님의 자존성(自存性)을 가장 근본적인 것으로 여겼다.

이런 삼위일체 하나님과 대조되는 다른 모든 것들은 하나님의 작정과 창조로 말미암아 존재하게 된 '우연적 존재들(accidental beings)'이다. 반틸은 이 피조계에 대하여 이것들은 모두 다 파생적(derivative)이라고 즐겨 말한다.[79] 이는 피조계는 스스로 존립하는 절대적 존재가 아니요, 파생적으로만 있을 수 있는 것이라는 말이다. 없을 수도 있었으나 하나님의 작정과 창조로 말미암아 생겨난 이 파생적 존재들은 모두 다 항상 하나님에게 의존하는(dependent) 존재이다. 심지어 "우리의 시간, 공간 개념조차도 그 전제로서 하나님의 존재의 형언할 수 없는 충만하심을 필요로 하는" 것이다(IST, 211-12=『개혁주의 신학 서론』, 349f.). 이와 같이 하나님의 창조로 말미암아 독자적인 존재가 되었으나 항상 하나님께 의존하는 존재가 전체 피조계이다. 따라서 피조계의 한 부분인 사람도 파생적이고, 하나님께 의존하는 존재이다. 심지어 성도가 죽음 후에 있게 될 하늘(heaven)에서조차도 우리들은 유한하고, 그 낙원(paradise)에서도 하나님께 종속하는 존재이다(IST, 253-57=『개혁주의 신학 서론』, 421-28; cf. Defense 1, 160-

---

[79] *Defense*, 29, 40, 47=『변증학』, 45, 57, 67; IST, 203=『개혁주의 신학 서론』, 336.

62). 그러므로 반틸은 사람이 그 자신을 궁극적인 존재인 것처럼 여기는 것을 가장 큰 문젯거리의 하나로 여긴다. 왜냐하면 "인간은 하나님의 존재에 힘입어 존재하는" 존재이기 때문이다(Defense, 42=『변증학』, 60). 그러므로 반틸이 인간에게 좀 더 관심을 기울일지라도 반틸은 피조계 내의 존재의 위계성 같은 것을 생각하거나 그런 것을 발전시키지 않는다.[80] 오히려 반틸은 이 세상에 있는 모든 것은 같은 존재론적 위치를 차지하고 있는 것으로 여긴다(Defense, 26-27=『변증학』, 42-43). 바로 이런 점에서 반틸의 존재론은 희랍 철학적 존재론이나 천주교적 존재론과 근본적으로 다른 것이다.

또한 반틸은 피조계가 전체적으로 인간의 타락과 더불어 타락하여 저주 하에 있게 된 것을 철저하게 인정하면서 그의 논의를 발전시키고 있다. 이런 점에서도 그는 개혁파적 전통에 아주 충실하다고 할 수 있다. 인간의 타락 이후에는 피조계 전체가 다 저주 하에 있음을 강조하는 점에서도 그러하며, 인간의 모든 기능이 다 부패하여 그 어떤 기능도 타락의 영향 아래 있지 않은 것이 없음을 아주 분명히 하는 것에서도 그러하다. 아담이 타락했을 때 그의 전 인격이 타락했고, 그의 모든 기능들이 다 죄의 영향 아래 있게 되었다는 것이다.

---

[80] 이 점에 대한 같은 관찰과 논의로 Frame, *Van Til,* 144, n.17, 171을 보라.

이처럼 반틸의 존재론에서는 처음부터 '창조주-피조물의 구별'(the Creator-creature distinction)이 현저하게 나타나고 강조된다. 반틸에 의하면, "전 우주의 실제 사태(the actual state of affairs)는" 다른 것이 아니라, "그것에 대하여 성경이 말하는 바와 같은 것이다."[81] 그러므로 전 우주는 자존적이신 하나님으로 말미암아 존재하게 되었으며, 전 우주는 그 근원에서만이 아니라 계속하여 하나님께 의존하는 존재라는 것이다. 이것이 바로 반틸이 말하는 '이층적 존재론'이다.

2. 반틸의 기독교 유신론적 인식론

반틸의 인식론은 그의 존재론으로부터 따라 나오는 인식론이라고 해도 과언이 아니다. 그래서 반틸은 그의 인식론 서두에서 "지식의 성격에 대한 질문을 제기할 때 실재의 성격에 관한 문제는 상관할 필요가 없다고 말하는 것은 중립적인 것이 아니다"라는 점을 명확히 지적한다(Defense, 33=『변증학』, 49). 반틸에 의하면, "모든 형이상학은 비록 아주 명백히 외현적인 것은 아니라고 해도 '숨겨진 인식론'(implicit epistemology)을 가지고 있다"(SCE, 15). 결국 반틸은 인식론과 존재론

---

[81] Van Til, "Response to Dooyeweerd" in JA, 91. 또한 109도 보라.

이 밀접히 관련되어 있어서 그 어디로부터 시작하든지 서로 전제하지 않을 수 없다고 말하는 것이다.[82]

따라서 반틸은 자신의 기독교적 관점을 분명히 하면서 항상 하나님과 하나님 자신의 지식을 근본적인 것으로 생각한다. 하나님이 모든 존재의 원천으로 생각하는 것이 옳은 것과 마찬가지로, "하나님 자신의 온전한 성격과 지식이(God's self-complete nature and knowledge)" 가장 근본적인 것이다 (CA, 10). 이 점에 있어서 반틸은 얼마나 철저한지 "하나님의 궁극적 합리성 개념을 포기하면 모든 기독교 신학의 토대가 다 제거된다"라고 말할 정도이다(IST, 13=『개혁주의 신학 서론』, 31).

---

[82] 그러므로 반틸은 항상 존재론으로부터 시작한다고 주장하는 Jim Halsey, "A Preliminary Critique of *Van Til: the Theologian*", *Westminster Theological Journal* 39 (1976): 120-36의 주장은 아주 정당한 것이다. 할세이의 이런 논의를 비판하면서 반틸에게 있어서는 존재론이나 인식론 어디로부터 시작하든지 별 문제가 안 된다고 하는 프레임의 논의(*Van Til*, 173)는 할세이의 논의와 비교할 때 서로 대립적인 것으로 보이지만, 실상은 강조점의 차이로 볼 수 있을 것이다. 논의상 프레임의 주장이 정당하다 하더라도 이를 그렇게 대조하면서 논의할 필요는 없어 보인다. 반틸에게는 존재론이 인식론을 전제로 하며 그의 인식론은 그의 존재론과 함께 있기 때문이다. 이 점에 대한 반틸 자신의 명확한 논의로 SCE, 29를 보라. "우리가 형이상학으로부터 시작해서 인식론으로 마치느냐, 아니면 인식론으로부터 시작해서 형이상학으로 마치느냐 하는 것은 사실 큰 차이가 아닙니다. 우리가 주목해야 할 중요한 점은 그 둘이 서로 연관되어 있다는 점이다."

반틸에 의하면, 하나님 안에는 절대적 진리의 체계가 있다(CGG, 142, IST, 10=『개혁주의 신학 서론』, 24). 이런 의미에서 반틸은 때때로 하나님을 "절대 진리의 체계"라고 부르기도 한다(IST, 102=『개혁주의 신학 서론』, 173). 하나님께서는 그 자신의 본성의 법칙에 늘 상응하시므로 그는 비논리적(illogical)이지 않으시다.[83] 일차적으로, 하나님의 자기 자신에 대한 지식이 본래적-근원적-지식이다. 하나님은 "그 자신을 온전히 이해하신다."[84] 즉, 그의 존재와 그에 대한 지식은 동연적(同延的, coterminous)이다(즉, 그 범위가 똑같다)(IST, 203, 234=『개혁주의 신학 서론』, 335-336, 390). 그러므로 하나님은 당신님 자신에 대하여 알지 못하는 것이 전혀 없으시며, 자신의 존재 중 의식하지 못하시는 것이 없으시다. 반틸이 사용하지 않는 말을 동원하여 설명하자면, 하나님에게는 무의식이나 잠재 의식과 같은 것이 없으시다. 그는 항상 자신을 온전히 다 의식하시며, 온전히 아시는 것이다.

그리고 이 세상을 창조하기로 결정하신 하나님께서는 이 세상에 대한 지식도 완벽하게 가지고 계신다. 그러므로 하나님께서는 모든 것을 이미 완벽하게 해석해 놓으셨다.[85] 이 세

---

[83] 이 점을 잘 지적하는 Frame, *Van Til*, 153을 보라.
[84] God is "exhaustively comprehensible to himself"(NS, 277).
[85] 오늘날 하나님을 중심으로 하는 해석학(God-centered hermeneutics)

상에 대한 하나님의 계획이 이 세상에 대한 하나님의 해석이며, 이 세상에 대한 하나님의 지식의 내용이기 때문이다. 이런 의미에서 반틸은 "우리는 우리가 존재하기 이전에 이미 완벽하게 해석되었다."라고 말한다.[86] 그리고 이 세상에 대한 하나님의 계획과 그것이 실현된 전체 피조물은 이미 하나님에 의해서 완벽히 해석되어지고 인식되어졌다는 이런 의미에서 "본래적으로 합리적(inherently rational)이다"(NS, 277). 그러나 이 말의 뜻은 하나님께서 이 세상의 실재를 온전히 알고 계신다는 것이고, 그것이 하나님께 합리적이라는 것이다. 이 세상에 대해 하나님이 불합리하게 관계하시지 않으시기 때문이다. 그러므로 이 말은 우리가 특히 타락한 우리가 우리의 타락한 이성으로 이 세상을 합리적으로 알 수 있다는 뜻은 아니다. 이를 잘 의식하지 않은 이가 헤겔(Hegel)이었다고 할 수 있다. 그래서 헤겔은 이성적-합리적-인 것이 현실적인 것이요, 현실적인 것이 이성적-합리적-인 것이라고 했다. 그러나 이는 절대적인 하나님에게만 해당하는 말이지, 우리가 우리의 타락한 이성으로 그렇게 할 수 있다는 말임을 헤겔은 인

이 그 출발점으로 삼아야만 하는 것이 바로 이 명제라고 생각된다. 후일에 이 문제를 더 논의할 수 있기를 바란다.
86) 반틸은 그의 작품의 많은 곳에서 이 점을 아주 강조한다. 대표적인 예만을 언급하면 다음과 같다. Van Til, *Defense*, 40, 45=『변증학』, 57, 63; Van Til, "Response to Dooyeweerd" in JA, 109.

식하지 않았다.

하나님의 지식의 내용이 되는 이 두 가지를 종합해서 말하자면, 우리는 반틸을 따라서 다음과 같이 진술할 수 있다: "하나님께서는 그 자신을 분석적으로 완벽하게 아시며, 따라서 그 외의 모든 것도 분석적으로 완벽하게 알고 계심이 틀림없다. 즉, 하나님께서는 ― 자기 자신에 대한 완전한 지식뿐만이 아니라 ― 우리들에 대한 참된 지식과 우주 일반에 대한 참된 지식도 가지고 계심에 틀림없다"(Defense, 40=『변증학』, 57). 다시 말해서 "하나님께서는 절대적으로 자충족적인 체계를 자신 안에 가지고 계신다"(CKT, 16; CGG, 142). 그러므로 반틸에 의하면 ― 다른 개혁 신학자들의 이해와 같이 ― 하나님의 지식은 분석적인(analytical) 것이다.[87] 그러므로 "우리는 하나님을 지식에 관한 모든 것의 원형이라고 서슴없이 주장할 수 있어야만 한다"(Defense, 39=『변증학』, 57). 그리고 그 지식은 "틀림없이 참된 것이며, 객관적인 것"이다.

따라서 사람은 하나님의 생각을 따라서 알아야 하고, 그렇게 하나님의 생각을 따라 알 때에야 진정한 진리에 이르게 된다.[88] 궁극적으로 진리는 하나님의 "자충족적인 본성과 그 지

---

[87] IST, 236, 8; CA, 6. 이 용어에 대한 누슨(Knudsen)의 비판으로 JA, 275-305와 이에 대한 반틸의 답변으로 *Herman Dooyeweerd and Reformed Apologetics* (Philadelphia, Pennsylvania, 1972), 1:1-24를 보라. 또한 이 논쟁에 대한 반틸 옹호로는 Frame, *Van Til*, 57, n.18을 보라.

식"에 상응하는 것이다.[89] 왜냐하면 "우리들의 존재와 우리들이 쓰는 의미, 그리고 우리의 외연과 내포가 모두 하나님으로부터 파생된 것"이기 때문이다(Defense, 40=『변증학』, 57; IST, 12, 203, 167=『개혁주의 신학 서론』, 28, 336, 277). 그래서 반틸은 자신이 "하나님의 생각을 따라서 생각하려고 한다(I try to think God's thought after him)"라고 말하며, 다른 이들도 마땅히 그렇게 하여야만 한다고 주장한다.[90] 프레임이 잘 정식화한 바와 같이 "우리가 해야 할 첫 번째 일은 겸손히 하나님의 손으로부터 그 지식을 수용하는 것이다."[91] 왜냐하면 "변증적 추론을 포함하여 모든 추론(推論, reasoning)은 하나님의 계시를 전제해야만 하기 때문이다."[92] 그러므로 반틸은

---

88) 이것이 반틸이 이해한 기독교 인식론의 핵심이 되는 명제라고 할 수 있다. 이런 입장에서의 기독교 인식론에 대한 시론적 논의로 이승구, "기독교적 진리 이해", 『기독교 세계관이란 무엇인가?』, 개정판 (SFC, 2005), 145-75, 특히 161-74를 보라.

89) CA, 10. 참고. Frame, *Van Til*, 142. 이것이 일반적인 상응설과 다른 것은 여기서는 이 세상에 있는 것과 우리의 관념의 상응이 문제가 아니라, 하나님의 관념과 우리의 관념의 상응이 중요한 것이기 때문이다.

90) "Response to Dooyeweerd" in JA, 126. 이는 반틸의 가장 중요한 주장 중의 하나이다. 이를 말하는 여러 곳으로는 다음을 보라: NS, 278; CG, 28; *Defense,* 47=『변증학』, 67; CTK, 16; SCE, 1, 3; IST, 181, 185; RPMT, 79=『개혁신앙과 현대사상』, 106.

91) Frame, *Van Til,* 56.

92) 같은 책., 300.

"사람의 지식이 궁극적으로 삼위일체 하나님과 그의 지식에 의존한다는 것"에 근본적인 관심을 가지고 있다.[93] 따라서 그는 사람의 지식을 본래적 지식이 아니라, 항상 하나님의 지식에 따른-즉, 하나님의 온전한 지식에 의존하는-유비적 지식(analogical knowledge)이라고 여긴다. "인간의 지식은 하나님의 지식에 의존하는 유비적(analogical) 지식이다."[94]

반틸은 심지어 우리의 성경적으로 바른 교리들도 "하나님 안에 있는 온전한 진리에 가까이 접근한 것들(approximations)일 뿐이다"라고 주장할 정도이다(CGG, 11). 그러나 이 때 그가 말하는 것은, 어떤 이들이 이와 비슷한 말을 할 때 의도하는 것처럼, 성경이 가르치는 것에서 온 바른 교리조차도 상대화시키는 것이 아님을 유의해야 한다.

그는 인간이 하나님께 의존하여 가지는 지식은 하나님 안에 있는 온전한 진리에 비하면 근사치에 불과하다는 인식론적 겸손을 표시하는 것일 뿐이다. 우리는 계시에 근거하여 하나님을 알 수 있으나 온전히 다 알 수 있는 것은 아니므로-

---

[93] E. R. Geehan, ed., *Jerusalem and Athens*, 26(Stoker), 71(Van Til).
[94] *Defense*, 39, 47=『변증학』, 57, 67. Cf. CG, 28; CTK, 16; IST, 12(=『개혁주의 신학 서론』, 28), 181(=『개혁주의 신학 서론』, 298-299.), 167(=『개혁주의 신학 서론』, 277), 206(=『개혁주의 신학 서론』, 242); RPMT, 78-79=『개혁신앙과 현대사상』, 104-107; NS, 273, 277-278, 180-181.

그러므로 우리는 하나님의 불가해성(incomprehensibility of God)을 인정하게 된다-, 하나님에 대한 우리의 개념들이 하나님 존재의 풍성함을 온전히 다 표현할 수는 없다는 것이 반틸의 주장이다.95) 이와 같이 반틸은 우리의 해석이 항상 "하나님이 자신에 대하여 계시하신 진리와 성경의 그리스도를 통하여 자신과 세상의 관계에 대해 계시하신 진리의 유비적 재해석(an analogical reinterpretation)"이라고 주장한다.96) 우리의 지식은 하나님의 계시를 궁극적 준거점으로 받아들인다는 의미에서 유비적인 것이다.97) 따라서 우리는 "자의식적으로 유비적"이어야만 한다(CTK, 16). 그래야만 참으로 바른 지식을 가질 수 있는 것이다.

이처럼 인간의 지식이 '유비적 지식'(analogical knowledge)이라고 할 때의 그 유비성이라는 말은 (1) 그 지식이 원형적인 하나님의 지식에 대해 유비적이며(IST, 203=『개혁주의 신학 서론』, 336), 따라서 (2) 그 지식은 참되지만 하나님의 지식과 "모든 점에서는" 같지 않다는98) 뜻을 담고 있다. 반틸이

---

95) 반틸의 교리 이해에 대한 이런 바른 이해로 Frame, *Van Til*, 167을 보라.
96) Van Til, "Response to Dooyeweerd" in JA, 126; "Response to Robert D. Knudsen" in JA, 299.
97) 이 점에 대한 좋은 논의로 Frame, *Van Til*, 141-42를 보라.
98) 이 점에 대한 반틸 자신의 강조로는 IST, 164-165, 171-172, 184=

말하는 대로, "우리는 우리의 지식이 참되다는 점에서 하나님과 비슷하다. 그러나 우리의 지식이 결코 전포괄적이 될 수 없다는 점에서 하나님과 같지 않다."[99] 전포괄적인 지식은 오직 하나님께만 있고, 우리의 지식은 결코 그런 의미에서는 전포괄적일 수 없기 때문이다. 즉, "사람은 하나님의 피조물로서 하나님의 체계와 정확히 같은 것(replica)을 가질 수 없다"(CTK, 16; IST, 181=『개혁주의 신학 서론』, 298). 또한 "사람은 한 명제도 하나님께서 그 명제를 아시는 만큼 알고 있지 아니하다"(IST, 184f.=『개혁주의 신학 서론』, 303f.). 따라서 사람은 하나님의 온전한 지식에 비하여 말하자면 "유한한 복사물(a finite replica)"만을 가질 뿐이다(IST, 206=『개혁주의 신학 서론』, 342). 사람의 지식은 하나님의 지식과 연속적인 것이 아니다. 우리는 언제나 피조된 것, 유한한 것만을 가질 뿐이다. 따라서 사람은 하나님의 지식에 대해 유비적인 지식만을 가지는 것이다.

『개혁주의 신학 서론』, 273, 284-285, 301-302 등을 보라. 반틸 사상에 대한 이런 해석과 강조로 Frame, *Van Til*, 398; Bahnsen, *Van Til's Apologetics*, 226 이하 참조. 그러나 반센은 아주 의아하게도 그 내용과 기준에서는 하나님의 지식과 인간의 지식이 동일하다는 입장을 취하고(232), 때로는 그 의미가 정확히 같다(identical)고 말하기도 한다(233). 이에 대해서는 제 6장에서 필자가 반틸적 입장에서 반센을 비판한 것을 참조하라.

99) *Defense*, 41=『변증학』, 59, 참고. IST, 12=『개혁주의 신학 서론』, 28, 강조점은 필자의 것임.

그리고 이런 유비성은 사람이 자연으로부터 지식을 얻는 경우에도 적용된다. 그러므로 반틸은 심지어 우리가 자연으로부터 무엇을 알게 되는 경우에도 "인간이 자연으로부터 알 수 있는 것들은 그것들을 성경이 인간에게 가르쳐 주는 것과 관련지어 이해할 때에만 비로소 제대로 이해할 수 있다"라고 주장하는 것이다(Defense, 35=『변증학』, 51). 왜냐하면 자연에서 얻는 것이든지 우리 자신에게서 얻는 것이든지(이상 "일반계시") 성경에서 얻는 것이든지("특별계시")를 막론하고, 이 모든 것은 모두 하나님께서 우리에게 계시해주신 것이기 때문이다.

그런데 반틸이 합리주의적 신학자들이라고 언급하는 고든 클락(Gordon H. Clark)이나 칼 헨리(Carl Henry) 등은 일의론적(一義論的)으로 생각하여 사람이 제대로 된 지식을 가지고 있는 경우에는 하나님께서도 사람이 가진 것과 같은 지식을 가지고 있다고 생각한다. 그러나 반틸은 이런 생각에 대해서 매우 비판적인 입장을 견지한다. 이런 일의론적(一義論的, univocal) 사유는, 하나님은 더 온전하고 더 체계적인 지식을 가지신 것에서만 사람과 다르실 뿐, 사람이 제대로 된 지식을 가진 면에서는 사람의 지식의 내용과 하나님의 지식의 내용이 같다는 입장을 지닌다. 따라서 이런 일의론적 사고에 의하면, 불신자도 합리적으로 생각하기만 하면 바른 지식을 가질 수 있다는 생각을 하게 되고, 그 때문에 신자들이 불신자와 합리주의적 논증을 하려는 방향으로 나아가기 쉽다는 것을 반틸은 지적한다. 바로 이 점이 반틸로 하여금 한편으로는 천주교회의 존재의 유비 개념에 반대하면서, 또 한편으로는 개신교 합리주의자들의 변증 방법에 반대를 하게 되는 이유라고 할 수 있다.

그러나 그렇다고 해서 반틸이 우리의 바른 지식과 하나님의 지식이 전혀 다르다는 다의론(多義論, equivocism)을 지지하고 주장하는 것도 아니다. 이런 다의론(多義論)은 궁극적으로 하나님의 지식과 우리의 지식 사이의 단절을 가져오게 한다고 반틸은 생각한다. 이런 다의론(多義論, equivocism)에 반(反)해서, 반틸은 사람의 지식이 제한되어(limited) 있기는 하지만, 적어도 하나님께서 계시하신 한도 내에서는 그 계시를 바르게 받아들이기만 한다면 사람도 참되게(truly) 알 수 있다는 것을 매우 강조한다. 우리의 지식은 모든 것을 철저하게 다 아는 것일 수는 없으나 하나님께서 계시하신 한도 내에서는 진리를 '참으로' 알 수 있다는 것이다(IST, 24, 164=『개혁주의 신학서론』, 48, 272; NS, 277; Defense, 43-44=한역, 61-62). 여기서 나온 개념이 반틸의 유비적 지식(analogical knowledge) 개념이다.

이 '유비(類比, analogy)' 개념은 어떻게 보면 아퀴나스 등이 생각하던 유비와 비슷하게 보일 수도 있다. 그래서 고든 클락 같은 이는 반틸의 유비 개념이 아퀴나스의 유비 개념과 같다고 하면서 그 둘을 같이 비판하기도 했다.100) 사실 철학만을 전문적으로 공부한 분들은 그렇게 생각하기가 쉽다. 아퀴나스가 일의론(一義論, univocism)과 다의론(多義論, equivocism)을 비판하면서 유비 개념을 아주 의미 있게 사용한 사람이었기 때문이다. 그러나 반틸은 전통적 천주교회의 인식론은 아퀴나스의 유비에 대한 언급에도 불구하고 실질적으로는 일의론(univocism)으로 기울었다고 생각한다. 반틸은 일의론적 사유는 인간의 자율성을 전제하고 하나님의 권위에 바르게 복속하려 하지 않는 것이라고 본다. 그런데 아퀴나스 등은 말로는 유비(analogy)를 이야기하면서도, 실제로는 유비를 중요하게 다루지 않는다는 것이다. 반틸은 그들이 오히려 하나님과 사람 사이의 연속성을 전제한다고 본다.101) 그래서 반틸도 천주교 사상의 '존재의 유비'(analogia entis) 개념에 대해서 강하게 반박하는 것이다. 이와 같은 천주교 사상가들에 대해서

---

100) Gordon Clark, "The Bible as Truth", *Bibliotheca Sacra* 94 (April 1957): 166.
101) 이 점에 대해서 같은 요점을 강조하는 Gilbert Weaver, "Man: Analogue of God" in JA, 321-27을 보라. 반틸과 아퀴나스의 유비 개념의 다름을 지적하는 또 다른 논의로 Frame, *Van Til,* 90-94, 특히 92-93을 보라.

반틸이 가장 문제시하는 것은 "(그들은) 그들의 철학과 변증에 있어서 인간이 하나님의 도움 없이도 스스로 지식의 성격과 지식의 가능성을 결정할 수 있는 것처럼 이야기하고 있다"는 점에 있다(Defense, 39=『변증학』, 57). 그러므로 궁극적으로 분석하여 보면, 반틸이 말하는 유비와 아퀴나스의 유비는 같지 않은 것이다. 이점은 매우 중요한 점이고, (이점을 오해하는 분들이 많으므로) 우리가 거듭 강조하여 말할 만한 점이다. 반틸은 철저히 하나님께 의존하는 유비를 말하는데 비하여, 아퀴나스는 결과론적 인간 사유의 자율성을 허용하는 유비를 말하게 되기 때문이다.

반틸에 의하면, 사람들의 지식은 그의 존재와 마찬가지로 파생적인 지식일 뿐이다. 따라서 사람의 인식이 바른 것이 되려면 항상 하나님의 생각을 따라서 생각해야만(think God's thought after Him) 한다. 반틸에게는 우리가 가진 지식이 하나님의 지식에 부합할 때만 우리의 지식은 참된 지식이다(Defense, 33=『변증학』, 49).

그런데 하나님의 생각은 그의 계시 가운데 나타나 있으므로, 참된 지식은 항상 계시 의존적 사고에서 나온다(CTK, 16). 그 계시가 성경으로 성문화되어 있으므로 계시 의존적 사고는 (1) 성경의 가르침을 받는 것이다. 왜냐하면 "우리가 그리스도인으로서 공부하고 연구하는 모든 것에 대해 성경은 무차별적으로 빛을 비춰주기" 때문이다(IST, 15=『개혁주의 신학 서론』, 33). 그러나 계시 의존적 사고는 모든 문제와 관련하여 성경만을 보는 것은 아니다. 오히려 (2) 계시 의존적 사고는 또한 자연 계시를 성경에 비추어 바르게 해석하는 사고인 것이다.

이런 의미에서 반틸은 이렇게 말한다. "우리는 (실험실이나 들판에서) 우리가 다루는 사실들에 대하여 성경을 찾아보는 것이 아니다 …… 우리는 우리가 무엇을 연구할 때 전적으로 성경에 우리를 제한시키는 것이 아니다"(IST, 15=『개혁주의 신학 서론』, 33). 그러므로 성경은 "창조된 우주의 모든 사실들이 그것에 따라서 해석되어야만 하는 빛으로 우리 앞에 서 있는" 것이다.102) 그러므로 반틸은 우리가 (희랍인들이나 스콜라 신학자들과 같이) 하나님의 본질에 대한 사변으로 나아가거나, (데카르트와 같이) 사람을 최종적 준거점으로 생각해서는 안 되며, "하나님께서 당신님 자신, 우리들, 그리고 우리의 구속자이신 그리스도를 통해 하나님과 우리의 관계에 대하여 말씀하신 것을 들어야만 한다"라고 주장한다("Response to Dooyeweerd" in JA, 92). "그리스도인은 성경의 가르침으로부터 세상의 '참된 사태'(the true state of affairs)를 안다."103)

---

102) *Defense*, 107; 참고. CA, 23-29.
103) Van Til, "Response to Dooyeweerd" in JA, 125, 강조점은 필자의

왜냐하면 모든 것은 이미 하나님과 그리스도께서 이미 해석해 놓으셨기 때문에, 우리는 그의 창조적-건설적 해석을 수용하고 재구성하여 재해석해야 한다는 것이다("Response to Arthur F. Holmes" in JA, 439). 여기에 반틸의 철저한 기독교적 인식론이 나타나고 있다고 할 수 있다.

또한 반틸은 그리스도 안에서 우리가 회복되었을 때 우리의 중생한 의식은 오직 원칙적으로만(in principle) 회복되었다는 것을 정확히 지적한다. 그 점에서도 반틸의 인식론은 철저한 기독교적 인식론이다: "사람 안에 잔존하는 죄의 잔재들 때문에 중생한 이후에도 (우리는 중생한) 그 자체의 원칙대로 온전히 살아가지 않으며, 또 완벽하게 그렇게 할 수도 없다"(Defense, 49=『변증학』, 69). 타락한 사람은 그 "눈과 귀와 감각들이 죄의 영향력 때문에 상당히 약화되었다 …… 또한 이 영역에서 가장 뛰어난 이도 큰 약점들을 가지는 것이다"(IST, 91=『개혁주의 신학 서론』, 156). 그런데 이 점에서 중생한 사람들이 전혀 제외되는 것이 아니다.

그렇기 때문에 또한 우리의 제한성 때문에 우리네 인간들은 모든 것을 하나님이 아시듯이 그렇게 완벽하게 알 수는 없으므로 어떤 것들은 "우리들이 보기에 모순되는 것처럼 나타

것임. Cf. Van Til, "Response to Arthur F. Holmes" in JA, 439.

날 수 있다"고 한다(apparent contradiction). 그것들이 실제로 모순되는 것일 수는 없으나(CG, 9), 우리들의 제한된 인식과 우리들의 정식화(formulation)로는 그와 같이 "모순처럼 보이는 것을" 쉽게 제거할 수는 없다고 한다. 예를 들어서, 하나님이 한 분이시며(단일성) 삼위로 계시다는(다양성) 삼위일체가 그렇게 보일 수 있으며, 하나님의 성질과 속성들의 관계도 그렇게 보일 수 있고(IST, 229), 하나님의 주권과 인간의 자유의지와 책임,104) 악의 문제,105) 값 없이 주신 복음(CGG, 199-200), 그리고 하나님의 경륜과 우리의 기도의 관계도 그렇게 보일 수 있다고 한다(Defense, 44-45.=『변증학』, 63-64). 이와 같은 반틸의 지적은 우리들 인간의 제한성을 깊이 의식하는 말이며, 그런 것들이 "사물에 대한 기독교적 해석의 역설들(paradoxes)"이기는 하지만(Defense, 44=『변증학』, 63), 이런 문제들이 실제로 모순(contradiction)이라는 말은 아님에 유의해야 한다. 이 세상의 제한된 인간들에게는 그렇게 보일 수 있다는 것이다. 그러므로 반틸은 어떤 논의를 하면서 "여기까지가 우리의 유한한 정신이 미칠 수 있는 한도이다"라는 말을

---

104) Van Til, *Complaint,* 22; "Joshua's Appeal for Covenant Consciousness" in GoH, 56.
105) IST, 248=『개혁주의 신학 서론』, 412f.: NS, 271; CTE, 36, 139; *Complaint,* 23; CGG, 10.

종종 한다.106)

프레임은 우리의 유한성을 좀 더 강조하면서 아마도 반틸은 하늘(heaven)에서도 우리가 이런 문제를 온전히 다 해결하여 그 모순으로 보이는 문제를 다 해결할 수는 없을 것이라고 보았으리라고 추론한다.107) 그러나 이것은 프레임의 너무 지나친 주장으로 보인다. 물론 하늘(heaven)에서도 우리는 당연히 유한하고, 그 때도 우리가 하나님께서 아시듯이 모든 것을 온전히 다 아는 것은 아니지만, 이렇게 지금은 우리에게 모순으로 보이는 문제들 중의 상당 부분은 하늘에서는 상당히 해결되리라고 보아야 하지 않을까?

기본적으로 반틸의 인식론은 사람이 처음 창조된 상태와 후에 중생한 상태에서의 회복된 사유의 구조를 제시한 것이라고 할 수 있다. 처음 창조된 상태와 후에 중생에 의해서 회복된 상태의 사람은 하나님의 계시를 받아들여 재구성하는 (receptively reconstructive) 의식을 가졌으므로 그의 인식 작용도 수납적이고 재구성적이라고 할 수 있다.108) 여기서 우리는 반틸이 중생한 사람이 '새로운 논리 법칙'과 같은 것을 가지고

---

106) IST, 249=『개혁주의 신학 서론』, 415; cf. IST, 176-78=『개혁주의 신학 서론』, 290-95.
107) Frame, *Van Til*, 157.
108) *Defense*, 48, 49, 53, 55f.=『변증학』, 68, 69, 73, 76.

있다고 말하지 않음에 유의해야 한다. 반틸은 이렇게 말한다. "나는 그리스도인들이 새로운 눈이나 코를 가지지 않듯이 새로운 사유 법칙을 따라 사유한다고 주장하는 것이 아니다."[109] 오히려 중생한 사람은 중생 이전에 그가 사용하던 같은 논리 법칙을 하나님께 순종하는데 사용한다. 중생하지 않은 사람들은 진리를 억누르고 기독교 유신론을 공격하는데 그 논리를 사용하는 것이다. 따라서 그 둘 사이에는 이런 저런 것들에 대한 동의와 일치가 있을 수 있지만, 그들의 근본 개념들(basic ideas) 사이에는 큰 차이가 있는 것이다. 그리고 그들의 추론 형식(forms of reasoning)에도 상당한 차이가 있는 것이다. 같은 논리가 다른 형태로 작용하여 다른 시각으로 추론을 이끌어 가는 것이다.

구체적으로 말하자면, 타락한 사람은 하나님의 계시를 받아들이는 태도로 사유 작용을 하지 않는다. 오히려 그는 주어진 계시를 무시하고 그 스스로 창조적으로 구성하여(creatively constructive) 무엇인가를 알 수 있다고 하면서, 자율적 사유를 한다. 그렇기 때문에 반틸은 "죄인은 실재를 바로 해석할 수 없다"라고 주장하는 것이다(IST, 92=『개혁주의 신학 서론』, 157). 그가 타락했다고 해서 그의 사유 능력이 변한 것이 아

---

[109] *Defense* 1, 296, 강조점은 필자의 것임. 또한 CGG, 27-29; IST, 254=『개혁주의 신학 서론』, 424도 보라.

니라, 오히려 그 사유 능력을 잘못 사용하는 것이다. 반틸은 이를 전기톱(buss saw) 비유로 설명하기를 즐겨한다. 잘 작동하는 전기톱이 모든 판자를 비스듬하게 잘라 버리는 경우와 같이 또는 잘 드는 전기톱이 잘못된 방향으로 작용하는 것과 같이 타락한 사람들의 사유 작용도 그렇게 잘못 사용되는 것이다. 그런데 더 심각한 것은 타락한 사람이 자신의 사고 자체를 정상적이라고(normal) 주장한다는 데에 있다(Defense, 49, 54-55.=『변증학』, 69, 74-75). 반틸은 이런 문제를 직시하면서 타락한 사람의 의식에 나타나는 이러한 죄의 인지적 영향(the noetic effects of sin)을 강조한다. 죄는 타락한 인간의 전 부분에 영향을 미친다(Defense, 46=『변증학』, 66). 죄의 인지적 영향은 전포괄적이다(comprehensive). 그래서 죄인은 "하나님을 넘어서 직접적으로 자기 자신 내부에서나 자신을 둘러싼 우주 안에서 진선미에 대한 자신의 이상(理想)을 추구한다"(Defense, 15=『변증학』, 28). 이렇게 그는 "자신이 접촉하는 모든 것을 하나님과 상관없이 해석하려고 하는 것이다"(Defense, 47=『변증학』, 66). 이런 취지의 반틸의 언급은 도처에 많이 있다.

> 불신자가 세상을 해석할 때, 그는 세상을 인간의 자율성을 가정하면서 해석하는 것이다 …… (그러므로) 불신자

는 그 얼굴에 노란 색안경을 끼고 있는 사람과 같다. 그는 자신과 세상을 이 안경을 통해서만 본다. 그는 (자기 스스로는) 그 안경을 제거할 수 없다. 그러므로 자신과 그 자신과 관련된 우주 안에 있는 모든 사실에 대한 그의 해석은 불가피하게 잘못된 해석이다(CTK, 158-59).[110]

다시 반틸을 인용한다면, "죄된 사람의 이성은 언제나 잘못되게 작용한다 …… 자연인은 언제나 이 내용을 자연주의적 수준으로 환원시키고 축소시키는 데 그의 이성이라는 도구를 사용할 것이다"(Defense, 83=『변증학』, 111). 그러므로 "그것이 중생한 사람의 지성인가 중생하지 않은 사람의 지성인가를 고려하지 않고 지성 자체에 대하여 말한다는 것은 불가능하다"(SCE, 187). 타락한 이들은, 바울이 로마서에서 말하듯이, 진리를 거짓 것으로 바꾸어 하나님에 대해 알고 있는 것을 억누르려고 하는 것이다(RPMT, 16, 17, 32; CfC, 108). "그는 그의 모든 언급에 있어서 자신을 최종 준거점(the final reference point)으로 삼는 것이다"(CTK, 42). 즉, 타락한 이들은 "자기 자신을 참과 거짓의 궁극적 기준으로" 삼는 것이다(CTK, 47).[111]

---

110) Cf. Van Til, "Why I Believe in God?", 12.
111) Cf. Van Til, "Why I Believe in God?", 17.

물론 이런 상황 가운데서도 일반 은총이 작용해서 이 세상에서 불신 원리를 최대한 수행하는 이는 아무도 없다. 자연인은 철저하게 일관성을 유지하지 않는다(IST, 27=『개혁주의 신학 서론』, 53-54). 따라서 불신자들도 "상당한 진리를 발견할 수는 있다"(CTK, 43-44). 즉, "죄인들도 자기 나름의 방식으로 상당한 양의 지식을 쌓을 수는 있다"(IST, 92=『개혁주의 신학 서론』, 157). 또한 "때때로 비그리스도인들이 그리스도인들보다 이 세상에 대해서 더 나은 지식을 가진다 …… 상대적 관점에서 그는 모든 것에 대해서 어느 정도 아는 것이다. 어떤 방식으로 그는 모든 것을 안다"(IST, 83=『개혁주의 신학 서론』, 142).

그러나 이와 같이 불신자에게 일반 은총이 작용하여 그의 죄를 억제한다고 해도, 일반 은총은 불신자의 자연적 신지식의 원천이 될 수는 없다(CGG, 159). 또한 "(타락한) 사람은 하나님에 대한 해석에서 뿐만이 아니라, 나무들에 대한 해석에서도 잘못되었다는 것"을 인식해야만 한다(IST, 84=『개혁주의 신학 서론』, 143).[112] 왜냐하면 "그가 자연을 자신이 취한 원칙에 따라서 해석하는 한, 그는 그 어떤 주제에 대해서도 진리를 말하지 않는" 것이기 때문이다(IST, 113=『개혁주

---

112) Cf. Van Til, "Why I Believe in God?", 12.

의 신학 서론』, 190).

반틸의 이런 논의를 잘 생각하면서 그의 글을 읽는다면, 어떤 사람들이 말하는 것과 같이, 반틸이 "비그리스도인은 그 무엇도 알 수 없다고 말하는 것이 분명하다"라고 말하는 것이[113) 얼마나 잘못된 주장임이 잘 드러나게 된다.[114) 우리가 위에서 잘 살펴 본 바와 같이, 반틸은 잔존하는 하나님의 형상과 하나님의 일반 은총 때문에 불신자도 이 세상에 대해서 많은 것을 알 수 있으나, 그들은 그것을 잘못 해석하며 특히 하나님과 관련해서 잘못 이해한다고 말하는 것이기 때문이다. 그러므로 반틸은 "이런 상황에서 유일한 해결책은 우리의 지식의 근거를 권위 있는 신적 계시에 두는 것이다. 그렇게 하면 성경적 신론과 성경적 영감론에 대한 반론들이 사라져 버린다"라고 주장하는 것이다.[115)

이와 같은 논의에서 흥미로운 것은 반틸이 이성만을 말하지 않고 인간의 의식 전체를 언급하면서 창조된 의식, 타락한 의

---

113) 많은 이들이 이런 주장을 하였지만 근자에 이런 주장을 한 예로 Kelly James Clark, "A Reformed Epistemologist's Response to the Presuppositional Apologetics" in *Five Views on Apologetics*, 256을 보라.
114) 켈리 제임스 클라크에 대한 반틸 입장에서의 바른 변증으로 Frame, "A Presuppositional Apologist's Closing Remarks" in *Five Views on Apologetics*, 352를 보라.
115) 이는 SCE, 220-23을 참조하여 말하는 Frame, *Van Til*, 329로부터의 인용이다.

식, 그리고 구속된 의식으로 말하고 있다는 점이다. 여기서 반틸은 인격성을 지, 정, 의로 철저하게 나누어 보지 않고 그 각각의 요소들이 상호 관계하는 것으로 보고 있는 것이다. 지, 정, 의란 전인격의 여러 측면들로 여겨지는 것이다. 그런 의미에서 반틸의 인식론은 전인격적 인식론(personal epistemology)이라고도 할 수 있다.[116]

그러나 좁은 의미의 인식적인 측면만을 떼어서 말하자면, 반틸의 인식론은 하나님의 지식에 의존하는 유비적 지식을 말하는 인식론이다(analogical epistemology). 이는 타락한 인간의 인식론적 문제를 직시하며, 구속의 인식론적 의미도 잘 드러내고 있는 진정한 기독교 인식론의 한 전형이라고 할 수 있다(genuinely Christian epistemology). 반센은 반틸의 이러한 인식론을 '계시적 인식론(revelational epistemology)'이라고 표현하기도 한다.[117] 그런 의미에서 "죄와 구속은 모두 우리의 기능들에 똑같이 포괄적 영향을 미치는 것이다"라고 말하는 프레임의 관찰은[118] 반틸을 바로 평가한 것이며, 그 내용도

---

116) 이 점을 좀 더 의식하면서 지적하고 발전시키고 있는 Frame, *Doctrine of the Knowledge of God* (Phillipsburg, NJ.: Presbyterian and Reformed, 1987), 328-46과 그의 *Vail Til,* 147-48을 보라.

117) Bahnsen, *Van Til's Apologetics,* 164, 165.

118) Frame, *Van Til,* 145. 또 비슷한 표현으로 "부패와 일반 은총은 둘 다 포괄적인 실재들이다"라고 하기도 한다(206: "Depravity and common grace are both pervasive realities"). 그러나 그는 후에 반

성경적이고 바른 것이라고 할 수 있다.

3. 반틸의 기독교 유신론적 가치론

반틸의 가치론도 기본적으로 그의 존재론으로부터 나온다. 따라서 반틸은 근원적 존재이신 하나님을 가치의 원천으로 제시한다. 반틸은 일반적으로 하나님을 최고선(summum bonum)이라고 말할 수 있다고 하면서(CTE, 41, 80), 더 구체적으로는 '하나님의 나라'를 최고선(summum bonum)으로 제시한다.[119] "사람은 그가 하는 모든 것에서 하나님의 영광을 추구해야만 한다"는 것이다(CTE, 41). 그런데 하나님 나라가 실현될 때 하나님께서 영광을 받으신다(CTE, 45). 따라서 반틸은 이 하나님 나라가 개개의 그리스도인과 인류 전체가 가져야 할 절대적 완전에 대한 이상이라고 한다. 따라서 반틸에 의하면, 하나님과 하나님의 영광과 하나님 나라를 위한 것만이 선한 것이며, 그와 상관없는 것들은 악한 것이라고 본다. 그러므로 그리스도인인 우리는 "동료 인간들의 복지를 추구할 때에도 하나님의 영광을 추구하는 것이다"(CTE, 41). 그렇

틸과 자신의 견해 차이를 드러낸다. 그의 *Van Til*, 187-213의 논의와 비교하라.

[119] *Defense*, 62, 64=『변증학』, 84, 87; CTE, 703, 78, 79.

지 않은 복지의 추구는 상대적인 선, 시민적인 선으로 나타날 뿐이다.

그리고 그리스도인은 "계시되어 나타난 하나님의 뜻"을 윤리적 표준으로 삼는데, 이 표준은 "절대적" 표준이다.[120] 이 세상의 그 어떤 상대성도 침범할 수 없는 절대적 표준이 성경에 주어져 있다는 말이다. 그러므로 반틸은 "역사적 개혁파의 신조들이 말하는 것처럼, 하나님께서 성경을 통해 그리스도 안에서 선하다고 하신 것만이 선하다는 것을 주장한다"(CTE, "Preface").

그런데 사람은 계시된 하나님의 뜻에 근거하여 그 최고선인 하나님 나라를 이루어 가는 일에 전적으로 무능력하다. 반틸은 개혁신학의 신앙 고백에 따라서 이 점을 아주 분명하게 천명한다(Defense, 64=『변증학』, 87). 따라서 이 최고선인 하나님 나라는 우리에게 하나님의 선물(Gabe)로 주어질 수밖에 없다고 한다. 그러므로 인간이 마땅히 해야 할 임무(Aufgabe)가 인간의 무능력 때문에 선물(Gabe)이 될 수밖에 없으며, 이 선물은 다시 인간에게 주어진 임무(Aufgabe)가 된다는 것이 반틸의 주장이다(CTE, 80, 81).

'하나님 나라'라는 절대적 윤리적 이상이 우리에게 선물로

---

[120] *Defense*, 66=『변증학』, 89; CTE, 90, 106, et passim.

주어졌다는 것은 "우리로 하여금 하나님께서 지으신 세계에서 악을 소멸할 계획을 세우고 그 일에 착수할 수 있는 용기를 준다"고 한다. 그것이 우리의 '믿음'이다. 따라서 그리스도인들은 "하나님께서 그들에게 부여해 주신 믿음의 능력을 가지고 하나님이 주신 표준에 따라서 그들의 윤리적 이상을 실현시키고자 열심히 노력하게 된다"는 것이다(Defense, 66=『변증학』, 89). 그리고 그런 순종의 삶은 결국 하나님께 드리는 찬양이기도 하다. "우리는 우리의 찬양과 경배 가운데서의 순종을 필요로 한다. 만일 우리가 참으로 순종한다면, 우리는 하나님을 찬양하며 경배하는 것이다"(CTE, 41).

그러나 반틸은 그저 낙관적으로 보기만 하는 것은 아니다. "어쩌면 우리는 우리가 사는 날 동안 우리들 자신 안이나 우리들 주위에서 그다지 커다란 진보를 보지 못하게 될지도 모른다"는 것을 솔직히 인정한다. 매우 현실적인 이러한 이해는 대단히 중요한 것이 아닐 수 없다. 그는 개혁파 전통에 충실하게, 이 지상에서 하나님이 요구하시는 완전이 이루어 질 수 있다고 주장하는 완전주의(perfectionism)가 성립할 수 없음을 명백히 하고 있는 것이다. 그러나 그는 동시에 '희망의 윤리'를 말한다. 즉, 그리스도인들은 "우주가 하나님께서 정하신 그 날에 완전히 회복될 수 있으며, 또 실제로 그렇게 될 것이라는 확신 가운데서 매일을 살아"가야 한다는 것이다(Defense,

65=『변증학』, 88). 여기에 가장 기독교적인 가치론이 나타나 있다.

이런 반틸의 도덕적 가치론을 그는 개혁파 윤리(Reformed ethics)라고 부르기도 하고(CTE, 6), 기독교 유신론적 윤리(Christian-Theistic ethics)라고 부르기도 한다(*Christian-theistic Ethics*라는 제목을 생각하여 보라). 이와 같이 철저하게 성경에 근거하여 윤리적인 삶과 윤리적인 문제를 이해하는 일은 천주교 윤리에는 존재하지 않을 뿐더러, 일반적인 복음주의 윤리에서도 상당히 결여되어 있기 때문이다. 그래서 그는 천주교 윤리를 참된 기독교 윤리의 기형(deformation)이라고 하며, 일반적 복음주의 윤리도 덜하기는 하지만 여전히 그러하다고 말한다(CTE, 6). 반틸은 워필드를 따라서 "칼빈주의는 정상(正常)에 이른 기독교"라고 말하면서, 따라서 "개혁파 윤리만이 온전한 기독교 윤리(the only fully Christian ethics)요 그런 것만이 비기독교적 관점에 대항하여 변증될 수 있다"라고 한다(CTE, 6).

반틸은 이런 입장에서 과거의 윤리적 가르침들을 잘 비판하면서 궁극적으로 그것들은 하나님을 절대적 기준으로 여기지 않는 문제를 가지고 있음을 잘 드러낸다. 반틸은 희랍 윤리 이론의 대표자인 소크라테스와 플라톤의 윤리를 분석하여 그 문제점을 드러내고(CTE, XIV장, XVI장), 근대 윤리 이론의 대표자인 칸트의 윤리를 분석하여 그 문제점을 잘 드러내고 있다(CTE, XVIII장). 그리하여 반틸은 "세상에 존재하는 많은 윤리들 가운데 이같은 성경적 윤리에 근접할 만큼 수준이 높은 것은 전혀 찾아 볼 수 없다"라고 단언한다(Defense, 66=『변증학』, 89). 왜냐하면 이 세상의 윤리들은 결국 상대적인 목표를 지향하고 있기 때문이다. 또한 비그리스도인들은 "인간의 경험 속에서 그들의 표준을 발견"하려고 하기 때문이다. 그리고 그들은 "그가 실재론을 신봉하는 실재론자이든지 관념론을 신봉하는 관념론자이든지, 또 아니면 도구주의를 신봉하는 도구주의자이든지, 모두 자기들이 스스로 내세운 그들 나름의 윤리적 이상들을 자기들 자신의 능력으로 실현시키고자 힘써 노력하고 있기" 때문이다(Defense, 66=『변증학』, 89). 이 세상의 모든 윤리 사상은 그 각각의 차이점에도 불구하고 하나의 점에서 일치한다. 그것은 인간을 "참되고 잘못된 것의 궁극적 기준"으로 삼는 것이다(CTK, 47).

그러므로 반틸은 "구약성경과 신약성경은 다른 어떤 세상적, 상대적 윤리의 이상들과 전혀 일치하지 않고, 오히려 적대적인 관계에 있다"라는 주장을 강하게 내세운다(Defense, 66=『변증학』, 89). 그러나 그런 입장에 선 이들이나 중생하지 않은 죄인도 그 형상됨을 왜곡하고 있기는 하지만 여전히 하나님의 형상이고, 그들 안에 있는 신의식과 일반 은총의 제어 능력 덕분에 상대적인 선은 행하는 것이다(IST, 27=『개혁주의 신학 서론』, 54).

우리는 이상에서 반틸의 존재론과 인식론, 가치론에 대해서 정리해 보았다. 이처럼 그의 사상을 검토해 본 결과, 우리는 그가 무엇보다 성경에 충실한 사유를 하려고 했고, 성경이 말하는 하나님의 계시에 매우 충실하려고 했음을 알 수 있다. 다음 장에서는 이런 사상을 지닌 반틸의 공헌에 대해서 생각해 보기로 하자.

Ⅲ. 반틸의 신학적 공헌

 반틸의 사상은 과연 이 세상에 어떤 신학적 공헌을 했다고 할 수 있을까? 필자는 이하에서 반틸의 신학적 작업의 공헌을 다음 세 가지로 나누어 제시해 보고자 한다.
 1. 가장 철저한 개혁신학의 제시
 2. "개혁파 변증학" 제시
 3. 기독교 철학자들과의 대화
 그러면 먼저 반틸이 제시하는 '가장 철저한 개혁신학'에 대하여 생각해 보기로 하자.

1. 가장 철저한 개혁신학의 제시

 반틸은 전통적인 정통파 개혁신학(Orthodox reformed theology)을 자기 자신의 신학으로 여긴다. 그러므로 반틸은 칼빈과 카이퍼, 바빙크, 워필드, 핫지, 그리고 벌코프 등이 제시한 신학에 근거하여 자신의 신학을 발전시키는 것이다. 그런 의미에서 반틸의 개혁신학 이해는 어떤 의미에서 정통파 개혁신학의 가장 일반적인 이해라고 할 수 있다. 그는 기독교 신학의 기본 구조를 제시할 때, 그것이 "단순하다"고 하면서 "그 모든 가르침은 신구약 성경으로부터 취해진 것이어야만 한다"고 주장한다. 아울러 반틸 자신은 그와 같이 "성경에 제시된 진리의 체계"를 변증하고자 한다고 말한다.121) 그는 이와 같이 가장 평범한 의미의 개혁신학을 제시하면서, 그것이 이 시대에 우리가 추구하고 나아가야 하는 개혁신학적 입장이라고 한다. 그러나 그는 이것이 단순히 개혁파에 속한 이들만이 그런 신학을 추구하고 가야 하는 것으로는 말하지 않는다. 오히려 그는 정통적 기독교의 입장이 개혁신앙과 개혁신학에서 가장 일관성 있게 표현되고 있다고 생각한다.122) 이

---

121) *Defense*, 7=『변증학』, 18, 강조점은 필자의 것임.

122) Van Til, *An Introduction to Systematic Theology* (Phillipsburg, NJ.: Presbyterian and Reformed, 1971), 이승구 옮김, 『개혁주의 신학 서론』(기독교문서선교회, 1995), 9. 또한 Van Til, "Response by C. Van Til to Dooyeweerd" in E. R. Geehan, *Jerusalem and Athens: Critical Discussions on the Philosophy and Apologetics of Cornelius Van Til* (Phillipsburg, NJ.: Presbyterian and Reformed Publishing Co., 1971), 91도 보라. "천주교와 루터파와 알미니우스주의자들은 그리스도 안에 있는 하나님의 주권적 은혜를 자연인에게서 빌어온

점에서 그는 칼빈주의를 "가장 정상적(正常的)인 유신론이요, 가장 순수한 형태에 이른 종교적 관계이며, 온전히 표현되고 안전함에 이른 복음주의 종교"라고 말하는 워필드와 의견을 같이 하는 것이다.[123]

이렇게 가장 정상적인 정통적 신앙인의 사상을 제시한 개혁신학은 과연 어떤 특성을 지니고 있을까? 반틸은 한 곳에서 칼빈 신학의 특징을 들어서 그것이 천주교 신학과 어떻게 다르며, 알미니우스주의 신학과 어떻게 다른지를 잘 제시하고 있다.[124] 이에 힘입어서 여기서 우리는 반틸이 칼빈의 신학에 대하여 말한 바를 (반틸의 의도를 따라서) 개혁신학 전체에 확대 적용하여 개혁신학의 특성들을 언급해 보기로 하자.[125]

첫째로, 반틸은 일반 계시의 명료성(clarity)을 강하게 주장하는 것이 칼빈과 다른 개혁신학자들의 특징이라고 말한다.[126] "모든 피조된 실재는 본래 하나님의 어떠하심과 하나

    사유의 구조(a schematism of thought)를 가지고 어느 정도 축소하였다."

123) B. B. Warfield, *Calvin and Augustine,* ed. Samuel G. Craig (Philadelphia: Presbyterian and Reformed Pub. Co., 1956), 289. 또한 같은 책의 290, 491-92, 497-99도 보라.

124) Van Til, *The Reformed Pastor and Modern Thought* (Phillipsburg, NJ.: Presbyterian and Reformed, 1971, 1980²), 이승구 역, 『개혁신앙과 현대사상』 (엠마오, 1984), 제1장.

125) 이전에 이를 제시했던 이승구, "개혁신학의 독특성", 『개혁신학에의 한 탐구』, 107-11도 참조.

님의 뜻을 계시하는 것이다"(CA, 33. Cf. IST, 64, 110＝『개혁주의 신학 서론』, 110, 185-86). 반틸은 하나님의 계시의 객관적 명료성은 "어떤 대가를 지불하고서라도 강조해야만" 한다고 한다(IST, 108＝『개혁주의 신학 서론』, 182). 그런데 타락한 사람은 이 계시된 지식을 불의(不義)로 "막고"−억누르고−있는 것이다(롬 1:18). 반틸이 일반 계시를 강조하는 이유는 성경이 그것을 분명히 말하고 있고, 또한 칼빈 자신이 일반 계시의 명료성을 아주 강조했기 때문이다. 하지만, 반틸이 처해 있던 신학적 정황에 비추어 본다면, 이는 또한 칼 바르트가 일반 계시를 부인하고 극도의 그리스도 단일론(Christo-monism)을 주장하고 나가는 것을 비판하면서 균형 잡힌 개혁 신학적 입장을 천명하는 것이 필요하다고 여겼기 때문일 것이다. 많은 사람들이 바르트를 20세기 최대의 개혁 신학자라고 말하지만,[127] 반틸이 제시하는 개혁신학의 첫째 특성에 비추어 보아도, 바르트는 개혁신학에 충실한 신학을 하였다고

---

126) RPMT, 4(＝『개혁신앙과 현대사상』, 16). 반틸은 일반 계시라는 말과 자연 계시라는 말을 혼용하면서 오히려 자연 계시라는 용어가 더 선호할만하다고 한다(『개혁주의 신학 서론』, 129). 그러나 이에 대하여 비판적으로 언급하면서 오히려 벌코프의 용례를 따르는 것이 더 나을 것이라고 제시하는 역자 주를 참조하라(129, n.1).

127) 여러 책들 외에도 특히 이승구 편, 『현대 영국 신학자들과의 대담』(엠마오, 1992), 여러 곳에 나타나고 있는 여러 신학자들의 언급을 보라.

말하기 어려운 것이다. 반틸은 더 나아가서 "바르트가 모든 점에서 역사적 종교 개혁 교리와 대립한다"고 주장한다(CTK, 363, n.24). 일반 계시에 대한 바르트의 이해를 생각해 보면, 이 점이 아주 명확히 나타난다. 일반 계시라는 용어와 개념까지 부인하는 바르트와는 달리, 개혁신학의 성경적 가르침에 충실한 반틸은 "자연 계시는 자연 신학과 동일시되어서는 안 된다"고 강하게 주장한다(CTK, 301, 참고. RPMT, 12-13, 24).

물론 한 곳에서 반틸은 "신앙에 근거해 있고 성경의 조명을 받는 그런 자연 신학은 적법하다(legitimate)"라는 말도 한다(CG, 44). 그러나 반틸은 그것이 천주교나 전통적 종교 철학이 말하는 자연 신학과 얼마나 다른 것인지를 분명히 지적한다(CG, 44). 그러므로 반틸의 입장은, 칼빈의 입장과 마찬가지로, 일반 계시(general revelation)는 인정하지만 자연 신학(natural theology)은 부인하는 입장이라고 할 수 있다. 칼빈과 반틸이 성경에 근거하여 말하는 바에 따르면, 일반 계시는 자연 안에서도 나타나지만, 그 계시가 "특히 그 극(極)에 달하는 것은 인간의 정신 활동에서이다."[128] 더구나 하나님으로부터 직접 주어지는 일반 계시도 있다.[129] 그리고 자연으로

---

128) RPMT, 8=『개혁신앙과 현대사상』, 20, Cf. IST, 69-7.=『개혁주의 신학 서론』, 119.
129) 반틸은 일반 계시에 대해서 다음과 같이 아주 상세한 분류를 제시

부터 주어지는 것이든지, 사람의 정신 활동으로부터 주어지는 것이든지, 하나님으로부터 직접 주어지는 것이든지, 그 모든 것이 다 근원적으로는 하나님으로부터 주어지는 것이고, 그 모든 계시가 다 지금도 명료하게 나타나고 있다. "심지어 인간의 죄 때문에 피조물에 임해 있는 하나님의 저주조차도 자연에 나타난 '하나님의 계시'의 명료성을 흐리게 할 수는 없다"(『개혁신앙과 현대사상』, 17).

> 하기도 하였다(『개혁주의 신학 서론』, 129-83).
> 1. 자연에 관한 현재의 일반 계시
>   (1) 자연으로부터 얻은 자연에 대한 계시
>   (2) 사람에게서 온 자연에 대한 계시: 심리-물리학(Psycho-physics)
>   (3) 하나님에게서 온 자연에 대한 계시: 신학적 물리학(Theologico-Physics)
> 2. 사람에 관한 현재의 일반 계시
>   (1) 자연으로부터 얻은 사람에 대한 계시: 물리적 심리학(Physico-Psychology)
>   (2) 사람에게서 온 사람에 대한 계시: 심리학 자체(Psychology proper)
>   (3) 하나님에게서 온 사람에 대한 계시: 신학적 심리학(Theologico-Psychology)
> 3. 하나님에 관한 현재의 일반 계시
>   (1) 자연으로부터 얻은 하나님에 대한 계시: 자연 신학(natural theology)
>   (2) 사람에게서 온 하나님에 대한 계시: 합리적 신학(Rational Theology)
>   (3) 하나님에게서 온 하나님에 대한 계시: 신학 자체(Theology proper)
>
> 지나칠 정도로 자세히 분류한 이런 분류는 반틸이 일반 계시를 얼마나 중요시하며 그것의 명료성을 높이 사는지 분명히 드러내 준다고 여겨진다.

그런데 타락한 사람들은 이렇게 지금도 분명히 현존하며 아주 명료한 이 일반 계시를 인정하지 않고, 이에 근거해서 제대로 된 신지식(神知識)에 이르지 않는 것은 그들이 하나님을 아는 진리를 불의(不義)로 억누르는 죄를 지금도 범하고 있기 때문이다. 그래서 불의(不義)로 하나님을 알만한 것을 억누르는 이 사람들은 그 누구도 실제로 하나님을 창조주로 알지 않는다(RPMT, 8=『개혁신앙과 현대사상』, 21). 그는 하나님을 알지만 거역하므로 "하나님을 사랑하며(lovingly) 알지 않는 것이다"(CTK, 227). 그것은 그저 용인될 수 있는 무지가 아니라, 아주 분명히 "죄책 있는 무지"(culpable ignorance)이다(SCE, 4). 그러나 흥미로운 것은 그들이 하나님을 거부할 때에도 하나님을 전제한다는 사실을 반틸은 지적한다는 점이다(CTK, 13): "반신론(反神論)은 유신론(有神論)을 전제한다(Antitheism presupposes theism)"(SCE, xii). 그래야만 추론과 논의가 가능하기 때문이다. 그러므로 그들은 반센이 잘 표현한 대로, 하나님의 계시에 반응하여 자연적 반신학(a natural atheology)을 발전시키는 것이다.130) 그래서 '그 자체로 고귀하게 존재하는 하나님'을 생각하기도 하는 플라톤조차도 "자기 자신의 우주나 자신의 생각 안에서 자신을 상실하여 기독

---

130) Bahnsen, *Van Til's Apologetics*, 194, n.80.

교적 관점에서 볼 때에는 완전히 잘못된" 신 개념을 가진 것이다(IST, 107=『개혁주의 신학 서론』, 180). 반틸에 의하면, "플라톤의 신이나 아리스토텔레스의 신 등 모든 비기독교적 철학자들의 신은 결국 진리를 억누르려는 인간의 반역적(反逆的) 정신에 의해서 조성된 신인 것이다"(『개혁신앙과 현대사상』, 38). 이런 점에서도 – 파스칼의 말을 사용하여 표현한다면 – 철학자들의 신은 아브라함과 이삭과 야곱의 하나님이 아닌 것이다.

여기서 개혁신학의 두 번째 특성이 나타난다. 그것은 특별 계시와 그것의 성문화(成文化)인 성경의 필요성이다. 반틸은 하나님께서 창조 때에 주신 일반계시의 어떤 결함 때문에 특별 계시가 필요하다고 말하지 않는다(IST, 110=『개혁주의 신학 서론』, 185-186). 오히려 진리를 억누르는 인간의 죄악이 지금도 온전히 제 기능을 다하고 있는 일반 계시를 제대로 파악하지 못하게 하는 것이다. 그러므로 이런 우리의 잘못, 즉 일반 계시를 왜곡하는 것을 교정하고(IST, 111-12=『개혁주의 신학 서론』, 186-87), 우리를 죄로부터 구원하는 은혜의 메시지를 전하기 위해서는 특별 계시가 절대적으로 필요한 것이다. 우리는 바른 정보만을 가지고 있지 못한 것이 아니라, 우리의 타락한 존재 자체가 전체적으로 변화되어야 하는 것이다.

그러므로 개혁신학의 두 번째 특성은 성경을 강조하여 그 필요성과 그 권위와 명료성과 그것의 충족성을 동시에 강조하는데 있다고 할 수 있다. 반틸은 이렇게 말한다:

> 이 네 가지는 서로 겹치며 서로 연관되는 것이다. 그리고 이것이 그러하다는 것을 잘 살펴보는 것이 좋을 것이다. 성경의 네 가지 속성들은 동등하게 중요하다. 왜냐하면 우리가 그 중의 어느 하나를 가지지 않는다면 우리는 그것들을 모두 갖지 못하게 되기 때문이다. 문제 전체는 잘못된 해석들로 가득한 이 세상에 들어온 '절대적으로 참된 해석'을 중심으로 하는 것이다(IST, 136=『개혁주의 신학 서론』, 226).

그러므로 반틸은 성경의 필요성, 권위, 명료성과 충족성 이 네 가지를 이 세상에 대한 절대적으로 옳은 해석인 성경에 대하여 항상 같이 주장해야 할 요소들로 본다.

칼빈처럼 반틸도 먼저 성경의 절대적 필요성을 강조한다. 그는 다음과 같은 칼빈의 말을 즐겨 인용한다.

> 이제 참 종교가 우리에게 드러나려면, 그 누구라도 먼저 성경의 학도가 되어야만 비로소 바르고 건전한 교훈을 조금이라도 맛볼 수 있다. 참 종교는 처음부터 천상적

(heavenly) 교훈 — 즉, 성경의 가르침 — 에서 시작해야 한다는 것을 주장하지 않을 수 없다.[131]

그러므로 반틸은 칼빈의 이런 입장에 동의하면서, "(1) 인간이 하나님을 (마땅히 알아야만 하는 대로) 알지 못한다는 것은 비난할만한 것이며, (2) 이 무지는 그리스도의 구속 사역이 아니고서는 벗어 날 수 없는데, …… 그리스도의 말씀이신 성경만이 그리스도 안에서 행하신 하나님의 구속 행위를 알려 주고 …… (3) 성경의 거울을 통해서만 일반 계시는 그 진면목을 드러내게 되는 것이다"라고 주장한다(『개혁신앙과 현대사상』, 23).

이렇게 개혁신학은 성경의 절대적 필요성을 강조하면서 동시에 성경의 권위와 충족성(sufficiency)을 매우 강조한다. 반틸은 이 점에서 아주 단호한 입장을 취한다: "우리가 바울의 (사도적) 권위를 제쳐놓지 않는 한, 우리에겐 어떤 비사도적 문서가 사도의 글과 똑같이 하나님의 계시의 수준에 있다고 말할 권리가 없다"(IST, 143=『개혁주의 신학 서론』, 236). 따라서 "성경은 그 외의 다른 추가적 계시를 필요로 하지 않는다."[132] 이를 분명히 하는 것은 개혁신학의 아주 중요한 특성

---

131) John Calvin, *Institutes of the Christian Religion*, I. xvi. 2, 『개혁신앙과 현대사상』, 21에서 재인용, 강조점은 필자의 것임.

의 하나이다. 성경의 가르침과 개혁신학에 충실한 사람들은 모두 다 이 점을 분명히 하여 말한다. 그리고 또한 이 점에 동의하는 듯이 보이는 많은 신학자들이 있다. 그런데 이렇게 성경 외의 다른 계시가 있을 수 없음을 분명히 하면서도 때로는 개별적 상황에 대한 개별적 계시가 있다고 하는 이들에 대해서는 어떤 입장을 취하는 것이 과연 개혁신학적인 입장일까? 반틸은 이전의 개혁신학자들의 견해를 잘 드러내면서 그러한 개별적 계시도 있지 아니함을 아주 분명히 강조한다:

> 개별적 그리스도인들이 개별적 계시를 필요로 하는 것이 아니다. 개개인의 그리스도인들은 성경에 대한 연구에서 성령의 인도하심만을 필요로 할뿐이다. 성령께서는 성경 안에 신자들이 필요로 하는 모든 계시를 다 수록해 놓으셨다. 그는 그 자신이 집합적으로 교회를, 개별적으로 개개인을, 그가 이미 주신 계시의 의미를 더 깊고 온전하게 이해하는 데에로 이끌어 가시겠다고 약속하셨다. 그러므로 성경에 있는 하나님의 계시를 자세히 연구하지 않거나, 또한 성경이 충분한 계시로서 주어졌다는 사실을 무시함으로써 성령을 모독하는 이들은 그 어떤 특별 계시도 얻지 못할 것이라고 확신할 수 있다(IST, 143=『개혁주의 신학 서론』, 237-38).

---

132) IST, 144=『개혁주의 신학 서론』, 239, 강조점은 필자의 것임.

이처럼 반틸은 계시론에서나 개개인의 삶에서도 성경 이외의 다른 계시가 더 주어질 수 있다고 전혀 생각하지 않는다. 그리고 이렇게 성경의 온전한 충족성에 토대를 둔 사상만이 참으로 성경적이고, 개혁신학적이라는 것을 분명히 천명하는 것이다. 이는 칼빈이나 웨스트민스터 신앙고백서가 아주 분명히 하고 있는 개혁신학의 정통적 입장이다.

따라서 성경의 충족성을 강조하는 개혁신학과 개혁교회는 그 명료성 때문에 정상적인 사람은 누구나 그 주된 사상을 잘 파악해 갈 수 있는 성경 전체(*tota Scriptura*)를 존중한다. 또 성경의 어느 한 부분에서 배운 것을 성경 전체에 비추어 바르게 해석하여, 결국은 성경 전체의 가르침에 근거한 사상을 형성해 나가기를 힘쓰게 된다. 그러므로 성경 전체로부터 하나님의 경륜 전체(the whole counsel of God)를 찾아내어 하나님이 이 세상에서 무엇을 하시려고 하는지 알고 하나님의 경륜을 바로 이해하여 바른 기독교적 사상을 형성해 가는 것이 개혁신학의 둘째 과제이다.

셋째로, 반틸은 "인간이 성경을 하나님의 말씀으로 받아들일 때, 인간의 내심에 주어지는 성령의 증언(*testimonia Spirit Sancti*)을 필요로 한다"라는 점을 강조하는 것이 개혁신학의 세 번째 특징이라고 본다. 물론 성경의 모든 숭고하고 엄정한 성격은 그 자체 신적 성격을 분명히 드러낸다. 그러나 성경의 자증(αὐτοπιστις)이 우리에게 확신되는 것은, 칼빈이 잘 말하고 있듯이, "우리 자신의 판단이나, 다른 이의 판단에 근거한 것이 아니라, 성령의 능력에 따른 조명 덕분"이라는 것이다 (RPMT, 10=『개혁신앙과 현대사상』, 23).133) 반틸은 이와 관련하여 칼빈의 다음 같은 말을 인용한다. 성경의 말씀들은 "성령의 내적 증언에 의해서 인쳐진 뒤에라야 인간에게 받아들여진다. 그러므로 선지자들의 입을 통해 말씀하신 바로 그 성령이 우리 마음속에서 성경이 하나님께서 명령하신 것들을 신실하게 선포하는 것이라고 권고하시는 것이다."134) 이런 입장을 따라 생각하면, 성령의 내적 증거에 의해 성경이 하나님 말씀임을 확신하고, 그 말씀을 이해하며 그 말씀에 비추어 일반 계시를 제대로 해석하는 이들만이 하나님과 세상을 제대로 안다고 말하게 된다. 그러나 다른 이들은 바른 지식을 전혀 가질 수 없다는 것인가? 이 문제에 대한 대답을 주는 것이 다음 네 번째 특성이다.

넷째로, 칼빈과 반틸에 의하면, 일반 은총 교리에 대한 강조가 개혁신학의 네 번째 특성이다. 반틸은 때로 일반 은총을 "이전 은총(earlier grace)"이라고 부르기도 한다(CGG, 30, 72, 74, 75, 82-83, 85, 91). 기본적으로 성경은 하나님이 모든 피

---

133) 이는 Calvin, *Institutes*, I. vii. 5를 인용하는 것임.
134) Calvin, *Institutes*, I. vii. 4.

조계에 은총과 자비를 베푸신다고 말하고 있기 때문에(CGG, 29-33) 개혁신학에서는 전통적으로 이런 측면을 일반 은총이라 부르며 이를 강조해 온 것이다.135) 헤르만 훅세마(Herman Hoeksema)와 단호프(Henry Danhof) 같은 이들은 불택자들인 "사악한 자들이 하나님으로부터 비와 햇빛과 같은 은사(gifts)는 받지만 이런 것들은 하나님의 애호의 증거가 아니다"라고 표현하지만,136) 이들의 견해에 대한 반대 근거로서 가장 강하게 언급될 수 있는 것이 바로 이런 성경의 가르침이다. 구속된 우리가 그리스도 때문에 하나님의 진노에서 하나님의 은혜와 사랑에로 옮겨진 것이 분명하다면, 불신자도 타락 후에는 비록 본질적으로는 하나님의 저주 아래 있지만 최후의 심판 이전까지는 일반적인 의미의 하나님의 은총을 받는다고 말하는 것이 잘못된 것은 아니다(CGG, 31).

이렇게 모든 피조계에 작용하는 일반 은총이 있기 때문에 비록 타락한 사람들은 자신들 안에 있는 "진리를 억누르려고 애쓸지라도 …… (하나님은) 그들이 진리를 완전히 억누르도록

---

135) 이에 대한 좋은 논의들로 Herman Kuiper, *Calvin on Common Grace* (Grand Rapids: Smitter, 1928); John Murray, "Common Grace", *Collected Writings of John Murray*, 4 vols. (Edinburgh: Banner of Truth, 1976~82), 2:93-119 등을 보라. 반틸의 일반 은총론에 대한 논의로는 Frame, *Van Til*, 215-30을 보라.
136) 이들의 입장에 대한 반틸 자신의 설명과 비판으로는 CGG, 18, 12-13을 보라.

헤르만 훅세마(Herman Hoeksema)

헨리 단호프(Henry Danhof)

허용하지 않으시는 것이다."[137] 그러므로 "일반 은총은 하나님께 대립하는 원리가 극단으로까지는 표현되지는 않게 하는 수단"이라고 할 수 있다(CG, 174). 이런 일반 은총 덕분에 신의식(神意識, sensus deitatis or sensus divinitatis)은 – 그것을 없애 버리려는 인간의 노력에도 불구하고 – 사람들 안에 계속 남아 있는 것이다. 이렇게 타락 이후에도 왜곡된 형태로나마 하나님의 형상으로 있다는 현실과 일반 은총의 작용으로 범죄한 인간도 "많은 진리의 단편들을 말할 수 있다"(RPMT, 11=『개혁신앙과 현대사상』, 25). 즉, 그들은 "많은 오류를 섞긴 하지만, 단편적 진리를 말하게 된다"(RPMT, 21=『개혁신앙과 현대사상』, 38). 그러므로 칼빈이 어거스틴을 따라서 강조하듯

---

137) Calvin, *Institutes*, I. iii. 3, cited in Van Til, 『개혁신앙과 현대사상』, 33.

이, 타락 이후에 특별한 은사가 사라지자 자연적인 것도 오염된 가운데 있기는 하지만,138) 그래도 하나님의 일반 은총은 여전히 작용하고 있어서 불신자들도 "상당한 진리를 발견할 수 있다"(CTK, 43-44, Cf. DoS, 43). "죄인들도 나름의 방식으로 상당한 양의 지식을 쌓을 수는 있다"(IST, 92=『개혁주의 신학 서론』, 157). 그렇기에 "때때로 비그리스도인들이 그리스도인들보다 이 세상에 대해서 더 나은 지식을 가진다 …… 상대적 관점에서 그는 모든 것에 대해서 어느 정도 아는 것이다. 어떤 방식으로는 (그들은) 모든 것을 안다"(IST, 83=『개혁주의 신학 서론』, 142). 이렇게 비그리스도인은 "그의 (반신적, 反神的) 원리에도 불구하고 학문에 긍정적 기여를 할 수가 있다"(CTK, 22). 이와 같이 "주께서 우리들로 하여금 물리학과 논리, 수학 등 모든 학문의 도움을 얻도록 하셨다면, 우리는 불경건한 이들의 사역과 노력으로부터도 도움을 얻어야만 한다."139)

아주 흥미로운 예를 든다면, 반틸은 회의주의자인 흄(David Hume)이 버틀러 감독(Bishop Joseph Butler)의 종교의 유비를 비판한 내용을 설득력 있다고 말하면서 불신자인 흄의 비판

---

138) *Calvin, Institutes*, Ⅱ. ii. 16, cited in Van Til, 『개혁신앙과 현대사상』, 42.

139) Calvin, *Institutes*, Ⅱ. ii. 16. Cf. Van Til, "Why I Believe in God?", 19.

을 신자인 버틀러를 비판하는데 원용하고 있다(CTEvi., 2장). 이와 같이 죄인들도 인간 사회에 대해 상대적인 선을 행하는 것이다. 반틸은 심지어 타락한 사람들도 "때때로 우주의 참된 사태를 발견할 수 있으며, 결국 그 때문에 자신과 사탄의 파멸에 간접적으로 기여하고, 그리하여 그리스도의 승리에 간접적으로 기여할 수 있다"라고 말한다(Van Til, "Response to Dooyeweerd" in JA, 125).

반틸은 일반 은총을 논하면서 "값 없이 주시는 복음(the free offer of the Gospel)"과 연관시켜 논의한다(CGG, 74-77). 선한 의도를 지닌 구원 방도의 제시(a well-meant offer of salvation)는 택자와 불택자를 무론하고 일반적으로 모든 사람에게 주어져야 한다는 것이다(CGG, 75). 반틸은 이렇게 말한다. "일반적 제시는 모두에게 임하는 것이다. 그것은 나누어지지 않은 죄인들 모두에게 오는 것이다. 물론 그들이 하나님 보시기에는 택자와 불택자이지만, 그들이 복음을 받아들이고 거부하기 전에는 똑같이 여겨지는 것이다. 이를 잊는 것은 하나님의 캘린더를 앞서는 것이다"(CGG, 76). 그러나 이 말은 프레임이 반틸을 해석하듯이 "값 없이 주시는 복음이 일반적 사람에게 주어지는 것이지 실제적 개인들(actual persons)에게 주어지는 것이 아니다"라는 뜻으로 해석될 수는 없을 것이다.[140]

이와 같이 반틸에게는 일반 은총이 매우 중요했다. 그리고

이것은 실질적으로 그에게 일종의 역사 철학이었다는 프레임의 말은 매우 옳다고 할 수 있다.141)

개혁신학을 이와 같이 이해하고 있는 반틸은 그의 평생에 걸쳐 이런 개혁신학에 충실한 신학적 사유를 제시하고, 신학의 모든 문제에 대하여 이런 입장에서 논의해 나갔다. 그의 큰 장점이 바로 정합성 있는 개혁신학에 충실한 점이라고 할 수 있을 것이다. 그는 그 어떤 신학자보다도 성경에 비추어 이해되고, 개혁신학에 비추어 파악되고 진술된 신학 주제들의 일관성을 강조하며 그것의 연관성을 존중하고 있다. 그래서 반틸은 "어떤 사실에 대한 그 어떤 논쟁에서든지 기독교 유신론의 전(全) 주장이 문제되는 것이다"라고 주장한다(CA, 73). 이렇게 반틸이 모든 교리가 상호 연관되어 있는 것으로 여긴다는 점을 잘 관찰하고 지적하는 이들 중 대표적인 사람이 Frame이다. 그는 "미국 신학자들 가운데 반틸만큼 독자들에게 기독교적 진리의 통일성에 대한 깊은 의미를 잘 전달하고 있는 신학 저자는 없다"라고 말하기까지 한다.142) 실제로 반틸은 신학적 사유 방식이 다음과 같아야만 한다고 묘사하고

---

140) Frame, *Van Til*, 399. 이는 프레임의 잘못된 해석에 근거한 지나친 비판 중의 하나라고 여겨진다.

141) Frame, *Van Til*, 215.

142) Frame, *Van Til*, 163. 이 책의 162-63, 174 등 여러 곳에서 이런 연관성에 대한 관찰이 잘 나타나고 있다.

있기도 하다:

> (신학자의 사유는) 항상 성경적 가르침의 다양한 측면들을 통합하는 시도일 뿐이다. 그 때에 그는 그가 사용하는 모든 개념들이 다른 개념들에 의하여 제한되어야만 한다는 사실을 깊이 의식하고 있어야 한다. 따라서 그의 체계는 예수 안에 있는 그 진리에 대한 자신의 고백을 재진술하려는 노력이다(SCE, 20).

이와 같이 반틸은 바른 신학적 작업은 항상 서로 연관되어 있고 통일된 것임을 분명히 강조한다. 그러므로 "어떤 사람이 스스로 성경 가운데서 그에게 주어진 계시의 내용을 가지고 체계를 만들 때, 그 체계는 성경으로부터 자유로운 것이 아니고 늘 성경에 종속해야 하는 것이다"(CGG, 200). 반틸에게는 우리가 모든 점에서 얼마나 성경에 종속하느냐 하는 것이 매우 중요한 문제이다. 그래서 반틸에게는 창조가 중요하고(Defense, 188f.=『변증학』, 228 이하), 역사적 타락을 매우 중요하게 여긴다(IST, 29=『개혁주의 신학 서론』, 57). 또한 성경으로부터 배운 삼위일체는 바빙크가 말하고 있는 대로 '기독교의 핵심(the heart of Christianity)'으로 여겨진다.[143] 반틸

---

143) Herman Bavinck, *Gereformeerde Dogmatiek*, Ⅱ, 289, cited in *Defense*, 12=『변증학』, 24.

의 제자이며 후계자인 프레임은 이런 반틸의 정신에 동의하면서 "우리 신학자들은 계속해서 하나님 말씀으로 돌아가야만 한다"고 주장한다.144) 우리의 신학적 체계는 - 그것이 바르고 개혁신학적인 것이라면 - 성경에 종속하면서 그 내용을 체계화하는 것일 뿐이기 때문이다.

이와 마찬가지로 반틸은 과거의 신학을 판단할 때에도 성경의 가르침에 근거, 판단하여 성경적 개혁신학의 특성을 잘 드러낸다. 예를 들면, 반틸은 교부(敎父)들을 존중하면서도 희랍인들의 개념과 유사한 로고스 교리를 말한다는 이유에서 순교자 저스틴(Justin Martyr)과 알렉산드리아의 클레멘트(Clement of Alexandria)를 비판한다. 반틸은 이들이 실제로 사람이 자율적이라고 생각하였으며, 연속성과 비연속성에 대한 희랍적 개념을 내세워 기독교적 진리와 희랍 철학적 진리의 종합을 꾀하고 있다고 비판한다("Response to Arthur F. Holmes" in JA, 440-42). 또한 반틸은, 성경의 가르침대로 성자의 신성이 성부로부터 파생하는 것이 아니라 성자 자신이 하나님이심(*autotheiotes*)을 강조하는 칼빈과 워필드를 따라, 온전한 성경적 이해를 제시하는 일에 열심을 보인다(IST, 227=『개혁주의 신학 서론』, 377; "Credo" in JA, 15). 반틸은 개혁신학이 천

---

144) Frame, *Van Til*, 169.

주교 신학(Roman Catholic Theology), 알미니안 사상(Arminianism), 그리고 현대의 자유주의(liberalism), 바르트주의(Barthianism), 틸리히와 크로너,[145] 사신신학,[146] 신해석학[147] 등과 대조되는 것으로 여기면서, 그의 강의와 여러 저작들에서 이들 사상들과 개혁신학을 대조하여 설명하는 작업을 해나갔다. 그런 점에서 반틸은 개혁신학에 가장 철저한 모습을 드러내고자 노력했다고 말할 수 있다.

그는 과거에 정식화된 개혁신학의 진술 가운데 가장 성경에 충실하고 가장 일관성 있는 신학적 입장을 가장 바르고 개혁신학적인 것으로 제시한다. 그 과정에서는 그는 때때로 그렇게 철저한 개혁신학 공식에 담긴 의미들을 매우 자세하게 제시하기도 한다. 예를 들어, 그는 시간 가운데서 일하는 인간은 엄격히 말해 영원하신 하나님께 그 어떤 것도 증가시켜 드릴 수 없다는 것, 즉 "엄밀히 말하자면, 하나님의 영광은 증가될 수 없다"는 점을 잘 지적한다(CTE, 41).

이와 같이 개혁신학을 가장 철저히 제시하고, 그에 철저한

---

[145] 틸리히의 『조직신학』 2권에 대한 서평으로 *Westminster Theological Journal* 20 (1957): 93-99; 크로너의 『문화와 신앙』에 대한 서평으로 *Calvin Forum* 18 (1953): 126-28; 그리고 그들에 대해 RPMT, 제 4장을 보라.

[146] Cf. *Is God Dead?* (Philadelphia: Presbyterian and Reformed, 1966).

[147] *The New Hermeneutic* (Philadelphia: Presbyterian and Reformed, 1974).

작업을 하려는 반틸의 노력은 결국 메이천이 선두에 서서 세운 웨스트민스터 신학교의 사상을 아주 성경적으로, 그리고 개혁신학적으로 공고히 하는 결과를 가져왔다. 그러므로 프레임이 반틸의 사역을 평가하며 '메이천의 종교개혁을 공고히 한 것(consolidation of the Machen Reformation)'이라고 표현한 것은148) 아주 옳은 것이라고 할 수 있다. 그리하여 메이천이 없는 초기 웨스트민스터 신학교를 생각할 수 없었듯이, 이제는 반틸 사상을 제거한 웨스트민스터 신학교는 생각할 수 없게 되었다.149) 그러나 웨스트민스터의 후대 교수들과 그에게

---

148) Frame, *Van Til,* 39.
149) 메이천과 반틸, 그리고 웨스트민스터의 변증을 잘 논의한 논문으로 Bahnsen, "Pressing Toward The Mark: Machen, Van Til, and the Apologetical Tradition of the OPC," *Pressing Toward the Mark*를 보라. 이 논문은 또한 http://www.cmfnow.com/articles/PA064.htm 에서도 찾아 볼 수 있다.
때로 메이천의 변증을 온전히 상식 철학에 근거한 구-프린스턴적인 것으로 해석하면서 반틸적인 것과 대조적으로 보려는 학자들이 있다. 다음을 보라. William Masselink, *J. Gresham Machen: His Life and Defence of the Bible* (Grand Rapids: Zondervan, n.d.)(이는 본래 화란 자유 대학교에서 발렌틴 헤프 교수의 지도 아래 "Machen as Apologist"라는 제목으로 쓰여진 박사 학위 논문이다), 139 이하; John C. Vander Stelt, *Philosophy and Scripture : a Study in Old Princeton and Westminster Theology* (Marlton, NJ.: Mack, 1978) (이는 본래 화란 자유대학교에서 G. C. Berkouwer의 지도로 쓴 박사 학위 논문이다) 7, 201, 301. Cf. William D. Livingstone, 「The Princeton Apologetic as Exemplified by the Work of Benjamin B. Warfield and J. Gresham Machen: A Study in American Theology 1880-1930」 (doctoral dissertation at Yale University, 1948); 그리고

배운 이들이 과연 반틸이 제시하는 사상에 얼마나 충실한가 하는 것은 또 다른 문제이다. 이에 대해서는 반틸의 후예들에 대한 논의에서 더 논의해 보기로 하자.

이렇게 철저한 개혁신학을 추구하는 반틸은 자신의 선배와 동료 개혁신학자들에게 매우 심각한 질문을 던진다. 그것은 바로 변증학과 그 방법에 대한 질문이다. 다음 절에서 이 문제를 검토해 보기로 한다.

2. 개혁파 변증학 제시

우리가 위에서 살펴 본 것처럼, 반틸의 평생 소원은 자신과 모든 그리스도인들이 참으로 성경에 충실하고, '성경적 가르침에 충실한 신학'에 충실한 것이었다고 할 수 있다. 그런데 그는 많은 그리스도인들, 심지어 개혁파 신학자들도 그들 자

R. C. Sproul, John Gerstner, and Arthur Lindsley, *Classical Apologetics: A Rational Defense of the Christian Faith and A Critique of Presuppositional Apologetics* (Grand Rapids: Zondervan, 1984), 209. 그러나 반틸이 부분적으로 메이천의 방법을 수정하고 있는 것은 사실이지만 그들은 대립적이라기보다는 기본적으로 서로 보충적인 것이다. 반센이 이를 잘 논하고 있다. 그는 메이천이 프린스턴의 전통에 충실했던 사람에게 기대할 수 있는 것보다 상당히 많은 전제주의적 측면을 갖고 있음을 잘 논의하고 있다. 한국성경신학회의 메이천에 대한 발표회에서 허주 교수도 이런 점을 시사하였다. Cf. 허주, "존 그레스햄 메이천과 그의 신약 주해",『교회와 문화』 9 (2002), 111.

신들이 원리와 이상이라고 제시하는 '참으로 성경에 충실한 신학과 실천'을 드러내지 못하고 있는 것을 발견했다. 반틸은 자신의 선배들이나 동료 개혁신학자들 가운데서 충실히 개혁신학을 한다고 하는 이들 가운데에서도 신학과 실천에서는 바르게 해 보려고 하다가, 몇몇 부분, 특별히 변증학에서는 그런 이상에 충실하지 않은 모습이 나타나고 있는 것을 매우 안타깝게 바라본다. 그래서 반틸은 그의 전 생애를 통해서 참으로 '개혁파 변증학(Reformed Apologetics)'을 제시해 보고자 했다.150) 그가 자신의 '신앙고백'(Credo)에서 잘 말하고 있듯이, 그는 개혁신학이 성경에서 자증하시는 그리스도로부터 시작한다면 개혁파 변증학도 마땅히 그리해야만 한다고 주장한다("Credo" in JA, 11). 신학과 변증학이 함께 해야만 참으로 효과를 거둘 수 있는 변증이 이루어 질 수 있기 때문이다(RPMT, 31).

반틸은 기존의 변증 방법에 대한 깊은 반성에서 그 방법을 성경의 원리에 근거해 개혁하려고 하였다. 이런 그의 노력을 보면서 반틸의 제자 중 한 사람인 그레그 반센은 반틸의 작업을 '기독교 변증학의 개혁(the reformation of Christian

---

150) 반틸의 이 용어 사용으로 Van Til, *Toward a Reformed Apologetics* (Philadelphia, Pennsylvania: privately printed, 1972); CTK, 19; *Herman Dooyeweerd and Reformed Apologetics* (Philadelphia, Pennsylvania: privately printed, 1972) 등을 보라.

Apologetics)'이라고 이름 붙이기도 했었다.[151] 반틸 자신은 그런 개혁파 변증학이 "복음을 가감하거나 절충하여 타협하지 않고, 복음을 있는 그대로 전하는 것"의 일부라고 생각했다.[152] 그런 의미에서 "그는 씨 에스 루이스(C. S. Lewis)와 같이 (개혁파나 성공회나 침례교 등의 수식어가 붙지 않은) '그저 기독교'(mere Christianity)의 변증가가 아니었다. 그는 개혁신앙 전체를 가장 자세하고 구체적인 것까지 변증하려고 했다"라는 프레임의 말은 매우 적절한 것이다.[153] 그러나 반틸은 자신이 그저 개혁신학만을 변증하는 것이라고 생각하지 않았으며, 자신이 말하는 전제주의적 변증 방법이 "일관성 있는 기독교적 변증 방법(a consistently Christian methodology of apologetics)"이라고 말한다("My Credo" in JA, 21).

(1) 개혁파 변증학으로서의 전제주의 변증학

그러면 반틸이 말하는 '개혁파 변증학'이란 무엇인가? 그것

---

[151] Greg Bahnsen, "Socrates or Christ: The Reformation of Christian Apologetics" in *Foundations of Christian Scholarship: Essays in the Van Til Perspective*, ed. Gary North (Valecito, California: Ross House Books, 1979): 191-239; Bahnsen, *Van Til's Apologetics*, 7.
[152] *Defense*, 3=『변증학』, 13. 반틸은 이 책이 자신의 책 가운데서 가장 중요한 책이라고 하면서, "이 책에서 진정으로 성경적이라고 확신하는 변증학 방법론을 제시"했다고 주장한다(한국어판 서문).
[153] Frame, *Van Til*, 36.

은 결국 개혁신학의 내용, 적어도 그 기본적 사상을 전제하면서 변증에 임하는 것이다. 프레임이 잘 표현한 바와 같이, "반틸의 변증학은 철저히 그의 신학적 헌신에 의해 규정되고 있다."154) 또한 반틸은 항상 신학으로부터 시작하였으며, 그 때문에 그는 무엇보다도 신학자였다고 평가한 프레임의 말은 매우 옳은 것이다.155) 이렇게 개혁신학적 전제를 중시한다는 점에서 반틸의 변증학을 전제주의적 변증학(presuppositional apologetics)이라고 부르기도 한다. 이것은 우리가 신학적 작업을 하고 기독교에 대한 변증을 할 때, 주어진 사태와 이 세상을 해석할 때는 확고한 개혁신학적 전제를 가지고 그 일에 임해야 한다는 것을 말한다. "그는 자신의 변증학의 가장 중요하고 독특한 측면이 개혁신학적 일관성을 지니는 것이라고 믿었다."156)

반틸이 변증할 때 가장 필수적인 것이라고 생각한 전제는 무엇일까? 그는 이것이 "정통적 그리스도인의 가장 근본적 전제"라고 하면서 그것은 바로 "성경 가운데서 말씀하시는 하나님"이심을 늘 강조한다(CGG, 192). 따라서 "개혁파 변증학

---

154) Frame, *Van Til*, 141, 강조점은 필자의 것임.
155) Cf. John Frame, *Van Til: The Theologian* (Chattanooga, Tenn.: Pilgrim Publishing, 1976).
156) Frame, *Van Til*, 241.

자의 책임은 무엇보다도 '성경에서 자증(自證)하는 그리스도'께 충성하는 것"이라고 한다.157) 그리고 반틸은 "성경에서 자증하는 그리스도가 언제나 내가 말하는 모든 것의 출발점이었다"라고 하면서, 자신의 신앙 고백을 시작한다("Credo" in JA, 3). 그는 자신이 말하는 '이 전제'를 여러 가지로 표현한다. 예를 들어, 한 곳에서는 이렇게 말한다. "세상의 창조자와 구속자이신 삼위일체 하나님께 대하여 성경이 우리에게 말하는 진리라는 전제,"158) 또 다른 곳에서는 "성경의 삼위일체 하나님께서 계시하신 기독교적 진리의 틀,"159) 또 다른 곳에서는 "성경 가운데서 그리스도를 통해 말씀하시는 자증(自證)하시는 삼위일체 하나님의 말씀"이라고 한다.160) 또는 간단히 "기독교적 이야기의 진리성의 전제(the presupposition of the truth of the Christian story),"161) 또는 "성경의 이야기의 진리성을 전제하는 것,"162) 또는 "하나님께서 우주를 통제하신다

---

157) Van Til, "Response to Dooyeweerd" in JA, 125. 필자는 합동신학원 변증학 강의 시간에 박윤선 목사님이 이 점을 강조하셨던 것을 (1982년) 지금도 생생히 기억한다. "성경 가운데서 자증하시는 하나님"이라고 말씀하시는 그 목소리가 지금도 귓가에 쟁쟁하다.

158) Cf. Van Til, "Response to Dooyeweerd" in JA, 91.

159) Van Til, "Response to Dooyeweerd" in JA, 109.

160) Van Til, "Response to Robert D. Knudsen" in JA 302: "the Word of the self-attesting triune God speaking through Christ in the Scriptures."

161) Van Til, "Response to Dooyeweerd" in JA, 121.

는 전제"라고 말한다(CTK, 18).

그 모든 것을 종합하면, 반틸은 항상 "성경 가운데서 말씀하시는 하나님"을 전제해야 한다고 말하는 것이다. 이는 (1) 성경 가운데서 당신님을 계시해 주신 삼위일체 하나님(존재론적 전제)과 (2) 그 삼위일체 하나님께서 자신을 계시하여 알려 주시고 그 내용을 성경에 기록하셔서 우리가 성경을 통해 하나님에 대하여 알 수 있다는 전제-인식론적 전제, 혹은 인식의 외적인 원리-다. 성경이 말하는 삼위일체 하나님만이 이 세상을 제대로 이해할 수 있게끔 보편성과 구체성을 조화시킬 수 있는 것이다(SCE, 132-82; CI, 7-110; Defense, 25-28=『변증학』, 40-44). 즉, '성경에서 자증하는 삼위일체 하나님'이 있어야 이 세상의 다양성과 통일성을 제대로 설명할 수 있지, 만일에 삼위일체 하나님이 없다고 생각한다면 이 세상은 제대로 이해될 수 없고 제대로 설명될 수도 없다는 것이다. 이 전제는 성경 가운데서 말씀하시는 하나님을 믿는 이들이 가지고 있는 전제이다. 그리고 반틸은 그 전제를 성경으로부터 취해야만 기독교적인 것이라고 한다(CG, 63).

그러므로 "반틸은 인간의 사유에서 하나님의 계시가 마땅히 가져야할 역할을 지시하기 위해서 전제라는 용어를 사용한다"

---

162) Van Til, "Response to Robert D. Knudsen" in JA, 303.

라는 프레임의 말은 정당한 것이라고 할 수 있다.[163] 그리고 프레임이 이 전제라는 말과 '논의의 출발점(starting point)' 또는 '준거점(reference point)'이라는 말을 거의 동일한 것으로 판단한 것도 옳다.[164] 반틸은 기독교 변증가는 반드시 이런 전제를 가지고 변증 작업에 임하여야만 그 자신의 정체성(正體性)과 자신의 인식의 순전성(純全性)을 해치지 않는다고 생각하기 때문이다. "변증가는 자신의 변증적 증언의 처음부터 끝까지 하나님 말씀의 진리를 전제해야만 한다"는 것이다.[165] 또한 이런 전제를 가졌지만 그것을 가지지 않은 듯이 말하면서 다른 이들에게 접근하는 것은 옳지 않고 순수하지 않다는 것이다. 그리스도인은 삼위일체 하나님이 계시고, 그 하나님께서 자신을 계시하셨으며, 그 계시의 내용이 성경으로 기록되어 있기에, 우리가 하나님과 하나님의 의도에 대해서

---

163) Frame, *Van Til*, 136. 다른 곳에서 프레임은 이 전제를 "사람에게 최고의 권위를 갖는 것(that which has supreme authority over a person)"이라고 표현한다(138). 반틸과 프레임이 보기에, 하나님의 계시를 전제로 하는 것은 결국 하나님이 궁극적 전제가 되는 것이다. 그래서 프레임은 "우리의 궁극적 전제는 오직 하나님이셔야만 한다(But our ultimate presupposition must be God alone)"라고 말하기를 주저하지 않는다(Frame, *Van Til*, 139).

164) Frame, *Van Til*, 137. 그러나 출발점과 준거점은 전제라는 용어와 비교하면 불명료하다고 판단한다. 반틸의 "최종적 준거점"에 대한 언급으로 *Defense*, 2nd edition, 77; IST, 72 등을 보라.

165) 이는 반센이 제시한 반틸적 변증가의 입장을 그대로 인용한 것이다. Bahnsen, *Van Til's Apologetics*, 2.

그 주어진 계시의 한도 내에서는 완전히 다는 아니지만 하나님을 바르게(truly) 알 수 있다고 보아야 한다. 따라서 이 세상을 바라보며 해석할 때에도 이런 성경의 관점에서 해석하여, 이 세상은 하나님이 창조하셨으나 인간의 타락으로 비정상적인 상태에 있으며, 그리스도의 사역으로 말미암아 원칙적으로 정상으로 회복되었으나 아직은 그 온전한 모습이 다 나타나지 않은 상태에 있는 세상이라고 보아야 한다는 것이다. 이처럼 우리는 변증적 논의를 할 때도 항상 "기독교 유신론적 인식론을 전제로 하면서 자유롭게" 논의를 전개해 나가야 한다.[166] 왜냐하면 변증가는 "모든 점에서 기독교적 주장의 객관적 타당성을 강조해야" 하기 때문이다(CG, 95). 따라서 이 세상에 대하여 다른 관점에서 관찰하고 말하는 것은 결국 기독교적 전제에 맞지 않게 말하는 것이고 사실상 성경과는 다른 관점을 도입하여 말하는 것이 된다. 그래서 반틸은 하나님과 세상에 대하여 성경이 가르치는 것과 다르거나 그에 철저히 순종해서 말하지 않는 것은 옳지 않은 것임을 강조해서 말한다.

반틸의 이런 전제주의적 변증에 대해서 그런 입장으로 변증을 하면 믿지 않는 이들에게 과연 효과 있게 접근할 수 있

---

[166] Frame, *Van Til*, 330.

겠는가 하는 질문이 많이 제기된다. 그러나 반틸은 이런 질문에 대해서 두 가지 점에서 반대 논증을 펼친다. 첫째로, 그는 "그리스도인이 하나님과 이 세상에 대해서 과연 어떻게 다르게 말할 수 있느냐?"라고 반문한다. 우리가 다른 이들과 편하게 논의하려는 의도를 가지고서 믿지 않는 이들과 공유할 수 있는 말을 한다고 가정해 보자. 예를 들어, '하나님은 계실 수도 있고 안 계실 수도 있는 데, 여러 가지 증거를 가지고 생각해 볼 때 하나님께서 계실 가능성이 훨씬 높다'는 식으로 말한다면, 그것이 우리의 기독교적 입장에 과연 충실한 것인지를 반틸은 되묻는 것이다. 다른 이들을 우리 편으로 얻기 위해서 과연 변증가가 그처럼 기독교적의 입장을 절충해 가면서 말할 수 있는가 하는 것이 반틸의 가장 심각한 질문이다. 반틸은 "모든 조건을 주시는 자(all-Conditioner)이신 하나님이 없으면, 인생은 혼동일 뿐이다"라고 믿으며 그렇게 말한다.[167] 반센이 잘 요약한 바와 같이, 반틸에 의하면, "성경적 세계관이라는 전제가 없으면 논리와 사실에 대한 호소를 우리가 지적으로 이해하고 수납할 수(intelligible) 없기" 때문이다.[168] 이렇게 반틸이 말하는 전제는 성경적 가르침이라는 "경험을 이해하고 해석할 수 있는 (유일한) 조건들(the conditions which

---

167) Van Til, "Why I Believe In God?", 20.
168) Bahnsen, *Van Til's Apologetics*, 246, n.202.

makes experience intelligible)"이다(CTK, 286). 따라서 그리스도인은 다른 사람을 우리 쪽으로 얻기 위해서라는 핑계를 내세운다 하더라도 기독교적 입장과 다르게 말할 수는 없다는 것이다. 그러므로 이를 '변증하는 – 또는 변증에서의 – 그리스도인의 정체성에 대한 질문'이라고 하기로 하자.

둘째로, 궁극적으로 사람의 마음을 바꾸어 어떤 이를 진정한 그리스도인으로 만드는 것이 결국 성령님께서 하시는 사역이라고 한다면, 우리는 그렇게 성령님께서 역사하실 수 있는 가장 바른 방법을 가지고 불신자에게 접근해야 하지 않느냐는 것이 반틸의 도전이다. 이를 '변증의 – 또는 변증에서의 – 진정한 유효성'에 대한 질문이라고 해 보자. 반틸은 우리가 불신자와 대화할 때 먼저 중립적 관점에서 이야기를 시작해서 기독교적인 입장에로 나아가는 것이 과연 효과적인 변증인지에 대하여 집요하게 질문한다. 반틸은 그런 식으로 하면 혹시 불신자가 그 과정에서 최종적으로 자신의 입장이 잘못임을 깨닫게 되었다고 해도 결국은 처음에 우리가 그와 공동의 근거를 마련하여 논의를 시작하였으므로 그 공동의 근거를 파괴하지 않으려 하지 않겠느냐고 질문한다. 그러므로 불신자들을 진정으로 도전하려면 그들과 공동의 근거를 가지고 작업하는 방법을 사용해서는 안 된다는 것이다. 오히려 진정으로 효과적인 변증은 결국 전제주의적인 변증이라는 것이 반틸의 주장이다. 왜냐하면 다른 변증 방법은 효과가 있는 것 같이 보이지만, 결국은 한 사람에게도 기독교를 변증하지 못하는 결과를 가져오기 때문이라는 것이다.

반틸의 이런 입장은 결국 성경 가운데서 주어진 계시가 참으로 옳은 것이며, 이런 관점으로 이 세상의 모든 것을 보아야 한다는 확신에서 온 것이라고 할 수 있다. 그러므로 반틸은 어떤 이들이 생각하듯이 기독교적 전제가 자의적(恣意的)인 것이라거나[169] 그저 "가정적인 것(hypothetical)"이라고[170] 생각하지 않는다. 그는 오히려 기독교적 전제가 가장 옳고 성경적이며, (반틸적인 의미에서) 가장 합리적인 것이라고 생각하는 것이다.[171] 반틸은 "기독교는 객관적으로 타당하며 사람

---

[169] 이렇게 생각하는 대표적인 이들의 책은 다음과 같다: Mark Hanna, *Crucial Questions in Apologetics* (Grand Rapids: Baker, 1981); R. C. Sproul, John Gerstner, and Arthur Lindsley, *Classical Apologetics* (Grand Rapids: Zondervan, 1984).

[170] 이런 식으로 "가정"을 강조하면서 논의를 한 이는 Edward J. Carnell이다. 그의 *An Introduction to Christian Apologetics* (Grand Rapids: Eerdmans, 1948)를 보라. 카넬의 가정(hypothesis)과 반틸의 전제의 차이에 대해서는 Van Til, "Reply to Gordon Lewis" in JA, 363; Frame, *Van Til,* 291-94, 291-94, 특히 292를 보라.

[171] Cf. SCE, 209. 반틸적 의미의 합리성에 대해서는 이승구, "Cornelius Van Til 사상에서의 '합리성'에 대한 연구", 『개혁신학에의 한 탐구』 (웨스트민스터 출판부, 1995; 재판 2004): 217-56을 보라. 이런 판단에 의견을 같이 하는 Frame, *Vail Til,* 137을 보라.

이 가질 수 있는 유일한 합리적 입장이라고 확신한다"(CG, 82). 그래서 반틸은 세상을 창조하신 하나님께서 가르치시는 성경적 관점으로 세상을 보는 "그리스도인인 우리만이 철학적으로 변증 가능한(philosophically defensible) 입장을 가지고 있다"라는 점을 강하게 주장한다(CG, 8). 그러나 그는 또한 이 세상에 있는 이들이 성경의 관점으로 이 세상을 보고 있지 않음을 철저하게 의식한다. 그는 이 점에서 매우 현실적이다.

그래서 반틸은 한편으로는 가장 성경적인 관점에서 하나님과 실재 전체를 보는 입장을 세우고(기독교 유신론, Christian theism), 또 한편으로는 논의를 위하여(for argument's sake)[172] 가장 불신적인 입장에 철저한 입장을 이상적인 형태로(ideal type) 제시하여 그 두 가지 관점의 전제를 분명히 한 뒤, 각각의 입장에 충실할 때에 어떤 결과가 나타나는지 보도록 하는 변증 방법을 제시하려고 하는 것이다. 그러므로 그는 서로 배타적인 기독교적 입장과 비기독교적 입장 사이의 차이를 될 수 있는 대로 선명하게 드러내려고 하는 것이다.[173] 반틸은 하나님의 계시의 명료성에 근거하여 바르고 타당하며 확실한 논증을 요구한다. 그런 논증이 얼마나 철저한 것인지, 프레임

---

172) Cf. Van Til, "Why I Believe in God", 4; *Defense*, 100=『변증학』, 131; CTK, 18; SCE, xi.

173) Van Til, "Response to Dooyeweerd" in JA, 97.

은 "실제로 반틸 자신의 논증을 포함하여 그 어떤 논증도 그 기준을 만족시킬 수 없을 것이다"라고 말할 정도다.174)

그러나 바로 여기에 반틸의 전제주의 변증의 독특성이 있다. 즉, 반틸은 기독교적 전제만을 잘 드러내고 철저히 하는 것이 아니라, 불신자들의 사상의 전제도 그 논리적 결말까지 끌고 가서 철저히 그 입장을 제시하려고 하는 것이다. 반틸은 가장 철저한 기독교 인식론만을 제시할 뿐만이 아니라, 가장 철저한 비기독교적 인식론이 어떠한 것인지도 잘 제시하는 것이다. 반틸은 불신 사상의 일반적 특성을 잘 찾아내어 그 불신 사상(不信 思想)의 일반적 구조를 제시하려고 시도했다는 말이다.

물론 반틸은 이 세상의 여러 불신자들이 그들 나름대로 들은 복음에 대해서 매우 다양하게 반응하리라는 것을 잘 알고 있다. 그 어떤 불신자도 그의 불신에 철저히 일관성을 가지고 있지 않고 다양한 비일관성의 정도들을 드러내고 있기에 서로 다른 반응들이 나타나는 것은 매우 당연한 것임을 반틸은 잘 의식하며 지적하고 있다. 그러나 그들의 여러 다름과 다양성에도 불구하고, 그들은 한 가지 일치점을 가지고 있다. 그것은 그들이 모두 불의(不義)로 그들 안에 있는 진리를 억누

---

174) Frame, *Van Til*, 277.

르려고 한다는 것이다(롬 1:18-32 참조). 성경의 가르침에 반대하는 불신(不信)의 방법과 정도에서는 서로 다른 그들이 불의로 진리를 억누르는 일에서는 다 같다는 것이다. 그러므로 반틸은 하나님의 주권을 무시하면서 불신자가 매번 어떻게 반응할지에 대하여 하나의 고정된 틀을 마련해 놓고 그것을 너무 강하고 분명하게 제시하지는 않는다.[175] 오히려 그는 다양한 반응의 여지를 열어 놓되, 의도적으로 불신자의 논리적 가장에 따른 가장 이상적인 형태의 논지를 제시하고 그것이 왜 논리적 모순인지를 드러내려고 하는 것이다.

반틸은 자신이 "논증을 위해서 자신을 불신자의 위치에 세우고 그-불신자-에게 그와 그의 전 문화가 근거하고 있는 인간관과 우주관에 의하면 결국 그들은 늪에 빠지게 됨을 보여주어야 한다"라고 말한다.[176] 그러므로 최종적으로 분석해 보면, 불신자의 접근이 사실은 성립 불가능한 주장을 하는 것임을 드러내어야 한다는 것이다. 이 때 변증가는 자신을 실제로(really) 자신에 대립하는 이의 위치에 세우는 것은 아니다.[177] 만일 그가 그렇게 한다면, 그는 유비적으로(analogically)

---

175) 반틸이 이와 같은 잘못을 범하고 있다고 비판적으로 논의하는 Frame, *Van Til*, 231, 238을 보라.
176) Cf. Van Til, "Response to Dooyeweerd" in JA, 91, 98. 또한 *Defense*, 100-101=『변증학』, 131; SCE, 205도 보라.
177) 이 점을 이해하지 못하고 반틸적 논의는 그저 가정의 수준에서 시

사유하지 않는 것이 되어, 즉 일의론적(一義論的)으로(univocally) 사유하는 것이 되어 불신자와 함께 익사하게 될 것이기 때문이다(SCE, 205).

그러나 우리는 논의를 위해(for argument's sake) 불신자의 위치에 서서 논의하여 "불신자의 입장은 결국 순전한 우연성 개념(the idea of pure contingency)에 헌신하게 된다"는 것을 보여 주어야 한다("Response to Dooyeweerd" in JA, 97. Cf. SCE, xi). 그런 불신자의 입장은 결국 파멸하게 된다는 것을 보여주어야 한다는 것이다. 즉, 전제주의 변증은 그와 반대되는 것이 성립 불가능함을(the impossibility of the contrary) 보여 주어(the *reductio ad absurdum*) 기독교의 진리성을 제시하는 것이다.[178] 이를 보여 주는 과정에서 반틸은 현실의 불신자들이 일관성이 없음을 지적하면서, 왜 불신자들의 입장이 성립 가능한 입장이 아닌지 드러내려고 노력하면서, 궁극적으로는 철저한 기독교적 입장－기독교 유신론적 입장, 개혁신학적 입장－을 철저한 불신의 입장을 비교하여 불신자의 입장이 일

작하고 마쳐지게 된다고 비판하는 David P. Hoover, "For the Sake of Argument" (Hatfield, PA.: Interdisciplinary Biblical Research Institute, n.d.), 7의 논의와 비교하라.

178) 이 점을 잘 지적하는 대표적인 예로 Bahnsen, *Van Til's Apologetics*, 6, 7, 485-89를 보라. 반틸의 이런 논의는 무수하다. 대표적인 예로 CfC, 141-142.; SCE, 203-208을 보라.

관성이 없으며 스스로 설 수 없기에 우리가 취할 수 있는 입장이 아니라는 것을 드러내려고 하는 것이다.

그런데 이렇게 불신자의 관점이 모순임을 말할 때, 그 '모순'이라는 말도 기독교적 논리관(a Christian view of logic)이 규정하는 의미에 비추어 모순이라는 뜻으로 이해되어야 한다(SCE, 205-206). 그러므로 반틸은 "모순율은 하나님의 성질을 배경으로 해서만 작용하는 것으로 생각되지 않을 수 없다"라고 말한다(IST, 11=『개혁주의 신학 서론』, 27-28). 그는 이를 더 명백히 하면서, "그러므로 우리가 아는 모순율은 피조물의 수준에서 하나님 본성 내의 응집성을 표현해 낸 것일 뿐이다"라고도 말한다(IST, 11=『개혁주의 신학 서론』, 27). 이와 같이 우리가 사용하는 모든 용어를 성경 계시의 빛에서 해석해야 하고 그런 것을 전제하며 사용해야 한다는 것이다(Cf. IST, 7=『개혁주의 신학 서론』, 20; SCE, 18). 이런 기독교적 관점에서는, "창조주와 구속자인 하나님을 보지 않게 되면, 결국 그 입장이 설 수 있는 아무 것도 갖지 못하게 된다"("Response to Dooyeweerd" in JA, 97). 따라서 참된 신자는 "그리스도가 인간 경험과 논리의 용어로 해석되어서는 안 되며, 인간의 경험과 논리가 하나님과 그리스도의 용어로 해석되어져야 한다는 것"에 동의해야 한다(CG, 104). 그러므로 반틸적인 변증은 "기독교적 입장이 비기독교적인 입장만큼은 '괜찮은 것'이거나 '더 나은 것' 정도가 아니라 인간 경험을 넌센스로 만들지 않을 수 있는 유일한 입장임을 드러내 보여주는 것"이다(CTK, 19). 기독교만이 "회의주의에서 우리를 구할 수 있고 …… 현대의 비합리주의에서 우리를 구할 수 있다"는 것이다(SCE, 35). 변증가가 하는 일은 이렇게 불신자들로 하여금 이런 철저한 대조를 보도록 하는 일이다.

물론 구체적인 변증 작업에서 관찰과 실험, 즉 사실에 대한 탐구를 무시하지 않는다. 반틸은 이런 것들이 중요하다고 강조한다(CTEvi., ii, 57, 62; CTK, 293). 심지어 한 곳에서는 "그리스도께서 무덤에서 부활하셨음을 드러내는데 있어서 역사적 변증이 절대적으로 필요하고 필수 불가결한 것이다"라고 말하기도 한다(IST, 146=『개혁주의 신학 서론』, 242). 그러므로 반틸은, 몽고메리 등이 주장하듯이,[179] 반틸의 전제주의적 변증이 사실과 증거들을 전혀 무시하는 것이 아니다.[180] 반틸은 자신이 역사적인 변증 작업을 많이 하지 않은 것은 이것을 불필요하다고 생각했기 때문이 아니라, 웨스트민스터 신학교의 다른 분과 교수들이 자신보다 더 훌륭하게 그 일을 할

---

[179] Cf. Montgomery, "Once Upon an A Priori …" in JA, 392.
[180] 이 점에 대한 가장 좋은 논의는 Thom Notaro, *Van Til and the Use of Evidence* (Phillipsburg, NJ.: Presbyterian and Reformed, 1980), 『반틸과 험증학』(생명의말씀사 역간) 제1장에서 찾아 볼 수 있다.

수 있기 때문이라고 말한다(CTK, 293). 반틸이 역사적인 변증 작업을 많이 하지 않은 또 다른 이유는 사실 반틸은 그런 사실들을 어떻게 해석하고 이해하면서 보는가 하는 것이 더 중요한 문제라고 생각했기 때문이다. 바로 여기서 반틸과 전통적 변증 방법의 차이가 나타난다. 반틸의 강조점은 "역사적 변증이 소위 중립적 근거에서 작용하는 한, 역사적 변증은 그 자체의 목적을 이루기는커녕, 그 목적을 스스로 파괴하여 버린다"는 것이다(IST, 146=『개혁주의 신학 서론』, 242). 반틸의 다음 말을 잘 생각해 보라:

> 문제는 오히려 그 '사실들'과 '법칙들'이 이해될 수 있는 것이 되기 위해 요구되는 최종적 준거점이 무엇인가 하는 것이다. 문제는 '사실들'과 '법칙들'이 실제로 어떤 것인가 하는 것이다. 그것들은 과연 비기독교적 방법론이 그러한 것이라고 가정하는 그런 것인가? 아니면 그것들은 기독교 유신론적 방법이 그러한 것이라고 가정하는 그런 것인가? (바로 그것이 문제이다)(Defense, 100=『변증학』, 131).

반틸은 우리의 변증 목적이 이 세상의 사실들과 법칙들을 과연 어떤 관점에서 보게 하느냐와 관련되어 있음을 말하는 것이다. 그러므로 "전투는 근본적으로 '사실들에 대한 철학'(a philosophy of facts, 즉 '실재 전체에 대한 이해')에 관한 것이다"(DoS, 51). 따라서 우리의 변증 과정에서도 그렇게 이해된 기독교적 전제에 충실한 논의가 이루어져야 마땅하다는 것이다. 그렇지 않으면 절충이 이루어지고 결국 기독교적 증언에 약화를 가져오게 된다는 것이다(IST, 16=『개혁주의 신학 서론』, 34-35). 그래서 반틸은 기독교적 전제에 충실한 방법으로 플라톤과[181] 칸트,[182] 관념론(idealism),[183] 관념론적 인격주의,[184] 존 듀이,[185] 그리고 화이트헤드와 과정 철학의 내적 모

---

[181] 플라톤에 대한 반틸의 논의로 Van Til, "Plato", *Proceedings of the Calvinistic Philosophy Club* (1939), 31-44; SCE, 제3장을 보라.

[182] 칸트에 대한 반틸의 논의로 Van Til, "Kant or Christ?", *Calvin Forum* 7 (1942): 133-35; SCE, 제 9 장; RPMT, 제3장을 보라.

[183] 반틸의 지도교수이자 헤겔주의적인 관념론자 A. A. Bowman의 책 『종교 철학 연구』와 『성례전적 우주』에 대한 서평으로 *Westminster Theological Journal* 2 (1939~40): 55-62, 175-84=CI, 91-110; Albert C. Knudson의 『신론』에 대한 서평으로 1930년대에 출간되던 장로교 잡지였던 *Christianity Today* 1, no.8 (December 1930): 10-13; Edgar Sheffield Brightman의 『하나님은 인격이신가?』에 대한 서평은 *Christianity Today* 3, no.1 (March 1933): 10-13, 그의 인격과 종교에 대한 서평으로 *Presbyterian Guardian* 2 (1936) 100; 그리고 Ralph Tyler Flewelling의 『서구 문화의 생존』에 대한 서평으로는 *Westminster Theological Journal* 6 (1944): 221-27을 보라. 또한 반틸이 당대의 관념론자들 가운데서 가장 진보해 있고 정교한 관념론자라고 평한 영국의 인격주의자(personalist)인 Bernard Bosanquet (1848~1923)에 대해서는 SCE, 189; IST, 9, 14(=『개혁주의 신학 서론』, 22-23, 31)을 보라.

[184] 이상주의적 인격주의에 대한 반틸의 일반적 견해는 SCE, 12-13장; "Boston Personalism" in GoH, 287-334를 보라.

순을 드러내는 내재적 비판을 시도한 바 있다.186)

그러므로 반틸에 의하면, 변증가는 자신의 철저한 기독교적 입장의 옳음을 주장하면서(진리-주장), 불신자들로 하여금 불신자의 입장을 버리고 기독교적 입장을 취하도록 증언하고 권면할(urge) 수 있다고 한다. 이런 의미에서 반틸이 보기에는 그런 권면을 포함하는 증언이 아닌 논증은 '바른 기독교적 논증'이 아니다. 그러나 또한 성경적 논증 방식을 가지지 않은 증언은 증언이 아니다. 반틸은 불신자의 입장을 "조롱이나 가정이 아니라 바른 논증(reasoned argument)으로 반박해야 한다"는 것을 강조하는 것이다(SCE, 23). 그러나 그 바른 논증은 성경적 관점에 철두철미한 논증이라는 것이다. 그러므로 그런 바른 '증언의 성격을 가진 권면'은 변증가 자신이 성경과 그리스도에게 충실한 만큼 가능하다고 한다("Response to Dooyeweerd" in JA, 125). 그것은 그 변증하는 태도에서도 성경이 말하는 대로 온유하고 상대방을 존중하는 태도로 임할 것을 요구한다(벧전 3:15; 딤후 2:24-25). 변증가는 겸손하게 진리 주장을 하는 강인한 태도를 지녀야 한다는 것이다. 예를

---

185) *Westminster Theological Journal* 3 (1940): 62-73: SCE, 제9장을 보라.
186) 화이트헤드에 대해서는 *Princeton Theological Review* 25 (1927): 336-38의 서평을 보라. 또한 Paul Arthur Schilpp이 편집한 *The Philosophy of Alfred North Whitehead*에 대한 반틸의 서평으로 *Westminster Theological Journal* 4 (1942): 163-71을 보라.

들어, 반틸은 항상, 대적하는 사람들에게 다음 번 커피를 사라고 말하였다고 한다.[187]

또한 변증할 때는 변증 대상자의 특성도 고려하면서 해야 한다는 것이 반틸의 생각이다. 반틸이 일반적으로 제시하는 것은 전문적인 변증 상황에서 가장 개혁주의적인 방식으로 변증하는 것이 어떤 것이어야 하는가에 관한 것이다. 그러나 대개의 사람들은 그렇게 전문적인 논의에 관심도 없고 그런 것에 의해 어떤 변화를 일으키지도 않는다. 이와 같이 변증적 논쟁에 적응하기도 어렵고 관심도 없는 사람들에게 꼭 어려운 변증적 용어를 사용한 변증이 필요한 것이 아니다. 반틸은 이렇게 말한다:

> 이와 같은 사람들에게 아주 정치하고 자세한 방식으로 기독교 유신론에 대한 지적인 논의를 제시하는 것은 분명히 소용없는(useless) 것이다. 그것은 또한 필요하지도 않다. 긍정적인 방식으로 진리를 단순하게 제시하는 것, 거의 간증하듯이 진리를 제시하는 것이면 충분할 것이다. 기독교는 소수의 엘리트 지성인들만을 위한 것이 아니다. 그 메시지는 단순한 사람들을 위한 것이기도 하고, 동시에 많이 배운 사람들을 위한 것이기도 하다. 그러므로

---

[187] 이에 대해서는 Bahnsen, *Van Til's Apologetics*, 32를 보라.

> (우리의) 논의는 각 사람의 정신적 능력에 맞추어져야 한
> 다. 그러나 궁극적 문제들에 관한 한, 많이 배운 사람들
> 과 배우지 못한 사람들 사이의 차이가 아주 작은 것이라
> 는 점을 잊어서는 안 된다(SCE, 211-12).

그러나 어떤 사람에게 어떤 식으로 변증이 이루어지든지 그 변증이 기독교의 기본 진리나 성경의 가르침을 절충하고 양보하는 식으로 이루어져서는 안 된다는 것이 반틸의 주된 주장이다. 그렇게 성경의 가르침과 기독교적 전제에 충실한 진리 제시가 과연 성공할 수 있을 것인지 미리 걱정하는 이들에게 반틸은 결국 불신자로 하여금 그들의 죄악된 세계관을 버리고 그런 세계로부터 나오도록 하시는 분은 성령님이시라는 것을 강조한다. 그러므로 철저한 전제주의 변증가는 불신자가 스스로 진리를 억누르고 있어도 그 안에 있는 "하나님을 알만한 것," 즉, 칼빈이 말했던 '신의식(*sensus divinitatis*)'에 근거하여 불신자에게 호소해야 한다는 것이다. 그래서 반틸은 자신의 변증학이 불신자도 신자와 마찬가지로 하나님의 피조물이며 하나님과 맺은 언약을 깬 사람(covenant breaker)이나, 그가 그 안에 있는 하나님에 관한 진리를 억누르고 있다는 사실에 근거하여 그 안에 있는 '신의식', 그가 억누르고 있는 진리에 호소하는 방법을 취하는 점에서, 불신자의 이성에 호소

하거나 감정에 호소하거나 의지에 호소하는 변증과는 다르다고 말한다.

그가 이런 변증 방법을 제시하고 그것을 충실하게 진술하는 일에 관심을 기울인 이유는 이 세상의 변증이라는 것이 거의 이와는 다른 방식으로 이루어지고 있다는 그의 인식 때문이었다. 즉, 반틸이 보기에 그 이전의 변증은 대개 그리스도인이 아닌 사람들에게 그들의 이성 능력에 호소해서 기독교가 다른 것보다 얼마나 더 믿을 만한 것인가를 제시하는 일을 중심으로 하여 이루어지고 있었다는 것이다. 그렇게 불신자의 이성에 근거해서 기독교를 믿고 받아들일 수 있는 개연성(probability)이 아주 높다는 것을 드러낸 후에야 그에 근거해서 기독교의 본질적인 내용을 소개하는 일이 필요하다는 것이 이전의 일반적인 변증 방법이었다는 것이다. 그런데 이것은 결국 불신자의 이성 능력을 신뢰할만한 것으로 가정한 뒤, 그것에 근거해서 논의해 가는 것이 아닌지 반틸은 의문시한다. 이는 결국 불신자의 이성을 정상적인(normal) 것으로 여기고 그것에 근거하여 기독교의 가신성(可信性)을 제시하자는 것이 아닌지 반틸은 반문하는 것이다.

(2) 전통적 변증인 알미니안 변증과의 대조

반틸이 '로마주의(Romanism)'라고 표현하는 천주교 사상

(Roman Catholicism)은 인간의 타락을 인정하고 타락에 대해서 말하지만, 타락에도 불구하고 인간의 합리성과 도덕성이 그대로 보존되어서(intact) 그것이 어느 정도의 기능은 할 수 있다고 주장한다. 이런 천주교 사상에 의하면, 인간의 이성 등에 호소하여 하나님과 기독교의 가신성(可信性)을 변증하는 것은 지극히 당연한 것이다. 왜냐하면 토마스 아퀴나스(1225~1274)가 잘 정식화한 천주교 사상 체계는 먼저 하나님의 계시의 도움 없이 자율적으로 작용하는 '자연적 이성'에 근거해서 인과율이나 운동의 첫 원인이신 하나님이 계시다는 것의 개연성을 증명하고 (소위 '인과율의 방도, *via causalitatis*'), 소위 '부정의 방도(*via negationis*)'를 사용해서 하나님께서 어떤 분이 아니신가를 드러내며, 소위 '우월-우수-의 방도(*via eminentiae*)'를 사용해서 하나님께서는 과연 어떤 분이신지 그 일부라도 잘 드러내면, 그렇게 구성된 '자연신학'(natural theology)의 토대 위에 계시에 근거한 초자연신학이나 계시신학(revelational theology)을 세울 수 있다고 하기 때문이다. 그러므로 천주교 사상에서 변증학은 자연신학의 일부인 '기초신학(fundamental theology)'의 한 부분이 되는 것이다. 그런데 반틸에 의하면, 바로 "이런 무비판적인 가정이 (아퀴나스가) 제공하는 신 존재에 대한 논증 전부를 물들이고 있고, 사실 철학과 신학의 모든 문제에 대한 그의 접근

조셉 버틀러 감독
(Joseph Butler, 1692~1752)

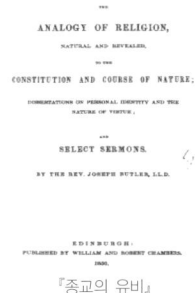
『종교의 유비』

을 물들이고 있는 것이다"(CTK, 173). 그러므로 결국 그의 사상 전체와 그것을 변증하는 것에 심각한 결함이 있다고 반틸은 주장한다.

그런데 반틸이 의문시하는 것은 천주교회만 이런 식으로 변증하는 것이 아니라, 개신교에서도 대부분의 변증이 이와 비슷한 방식으로 진행되어 왔고 또 지금도 그렇게 진행되는 것이 아닌가 하는 것이다. 물론 개신교에서는 특히 구원에 대해서는 아퀴나스와는 다른 이해를 가지고 변증적 논의를 진행한다. 그런데도 온전히 성경적이지 못한 형태의 구원에 대한 논의가 과거 알미니안주의자들에 의해서 제기 되었다. 그리고 알미니안 신학자들은 그들의 알미니안주의적 전제에 근거해서 독특한 변증 방법을 제시한다. 그래서 반틸은 이를 알미니안 변증학(Arminian Apologetics)이라고 부르기도 한다.[188] 이런 알미니안 변증학은 이전의 천주교회의 변증학의 개신교적 변형 형태라는 것이다. 반틸은 알미니안 변증이 천주교 변증의 변형이지만, 그 모든 문제를 극복하지 못한 변증 방법이라고 본다.

그리고 반틸은 알미니안 변증의 대표자로서 1736년에 『자연의 구성과 과정에 대한 자연 종교와 계시 종교의 유비 *The Analogy of Religion Natural and Revealed to the Constitution and Course of Nature*』라는 제목의 (요약하여 『종교의 유비 *The Analogy of Religion*』라고 불리는) 책을 쓴 성공회 감독 조셉 버틀러(Joseph Butler, 1692~1752) 감독을 가장 많이 언급한다.189) 이런 이유에서 반틸은 때때로 개신교의 변증 방법 중 철저히 개혁주의적이지 않은 변증 방법을 버틀러적 접근법-또는 버틀러식의 논의-이라고 하기도 한다. 또는 그것이 천주교회의 아퀴나스적 방법과 유사한 점에 착안하여, 그 둘을 하나로 묶어 '토마스주의적이고-버틀러적인 변증 방법'(Thomistic-Butler type of approach to apologetics),190) 또는 '로마주의적-

---

188) *Defense*, 98(=『변증학』, 128), 105(=『변증학』, 136); 『개혁신앙과 현대사상』, 50.

189) 버틀러의 알미니안 신학에 대한 반틸의 논의는 CTEvi, 3. 8-13; *Defense*, 206=『변증학』, 251을 보라. 버틀러의 알미니안 변증에 대한 언급은 반틸의 저작 도처에 있다.

190) Van Til, "Response to Dooyeweerd" in JA, 90. 그리고 상당히 많은 곳에서 이 둘을 묶어서 말하고 있다. Cf. Van Til, "Response to Robert D. Knudsen" in JA, 303; *Defense*, 104-105(=『변증학』, 135-

복음주의적 변증 방법'(CTK, 19), 또는 '로마주의적-알미니안적 변증'이라고 부르기도 한다(IST, 163=『개혁주의 신학 서론』, 270). 반틸은 또한 그것을 자주 '전통적 방법(the traditional method)'이라고 부른다.[191] 또는 이런 전통적 변증 방법을 그 방법론의 특성을 따라 '블록 하우스 방법론(blockhouse methodology)'이라고 부르기도 한다(Defense, 114-22=『변증학』, 147-56).

이 '블록-하우스 방법론'은 변증가가 먼저 불신자와 함께 공유할 수 있는 일정한 토대를 세우고, 그 위에 또 기독교적인 것을 세울 수 있다고 생각하는 방법론이다. 그 일정한 기반은 불신자와 그리스도인이 공통적으로 가지고 있는 공동의 기반이 된다. 이 공동의 기반 위에서 변증가는 주어진 여러 자료를 동원해서 불신자들을 기독교에로 이끌어 들이기 위해 추론해야 한다는 것이다. 즉, 이는 먼저 불신자의 이성에 호소하여 신자와 불신자가 같이 공유하는 공통의 근거를 마련한 다음에, 그 토대에 근거해서 기독교의 다른 내용들을 세워 나가는, 마치 블록(block)으로 집을 짓는 것과 같은 방법으로 변증해 가려고 한다는 것이다.[192] 그러나 이것도 결국 인간의

---

36), 111(=『변증학』, 144), 113(=『변증학』, 146).
191) *Defense*, 3(=『변증학』, 13), 257-58(=『변증학』, 308-309).
192) 이것을 근대주의 철학이 묘사하는 용어로 표현한다면, 일종의 '토

이성이 복음의 내용을 생각해 보고 믿을 수 있는지 없는지 판단할 수 있다는 인간 이성의 능력과 자율성을 전제하는 것이 아닌지를 반틸은 의문시한다.

그러므로 반틸은 천주교의 변증 방법과 알미니안 변증 방법이 어느 정도 차이는 있지만 결국 같은 성질을 가진 것이라는 점을 매우 강조한다. 반틸은 이렇게 말한다. "그렇기 때문에 이 방법-알미니안 변증 방법-은 천주교회의 방법과 본질적으로 같은 방법으로서, 본질적으로 환원주의적이고 자멸적이다"(Defense, 112=『변증학』, 145). 그는 또 다른 곳에서 이렇게 말한다. "(비록 정도의 차이는 있지만) 인간 의지의 '자유론'에서 알미니안주의는 로마주의에 가깝다. 조금 약하기는 하지만 알미니안주의도 로마주의 신학자들과 같이 어느 정도 자력 구원(self-salvation)을 주장하는 것이다. 그래서 워필드는 "칼빈주의만이 올바른 기독교다(Calvinism is just Christianity!)"라고 했던 것이다(『개혁신앙과 현대사상』, 51). 그러므로 반틸은 여러 번 '로마주의-알미니안 변증 방법'이

대주의 또는 기초주의(foundationalism)' 전략을 사용하는 것과 유사하다. 그러나 알미니안 변증학은 기초주의적 토대만이 아니라, 그것의 근거가 되는 합리성 자체도 일종의 토대로 여긴다는 점에서 천주교 변증학과 다르다. 그러므로 반틸은 기초주의만이 아니라, 이성과 합리성에 근거해서 기초주의를 비판하는 것도 역시 블록 하우스 방법론을 사용하는 것의 하나로 여길 것이다. 그러므로 알미니안 변증학은 근대 철학의 기초주의보다 더 폭넓은 개념이다.

라는 말을 사용하고,[193] 그 둘을 병렬시키면서 이 방법이 개혁주의 변증 방법과 상당히 다르다는 것을 강조한다.[194]

따라서 결국 알미니안 변증도 불신자와 일정한 공통의 영역을 확보하고, 그 공통의 기반에 근거해서 그를 기독교에로 이끌어 보려는 변증이라고 하는 것이다. 이때 알미니안의 추론은 대개 이전의 천주교의 변증과 같이 '개연성(probability)에 근거한 논의'가 된다. 이런 공통의 논의에서는 그 논의의 특성상 그 어떤 것에 대해서도 절대적 확실성을 가지고 논의할 수 없다. 그래서 알미니안 변증가는 주어진 상황 가운데서 모든 정황을 고려하면 '아마도 하나님이 계시다고 생각할 확률이 높다,' '하나님이 계시다는 개연성(probability)이 더 있다'는 식의 논의를 하여 불신자에게 자신의 의견을 개진하게 된다. 반틸은 그런 하나님은 결국 개연성 있는 하나님(a probable God)일 뿐, 성경이 증언하는 확실한 하나님이 아니지 않는가 하는 것을 지적한다.[195] 또 알미니안 변증가 자신

---

[193] 예를 들자면, *Defense*, 104("the Roman Catholic and the Arminian methods"=『변증학』, 135); 105("a Roman-Catholic-Arminian type of argument"=『변증학』, 136), 114(=『변증학』, 147), 115("the Roman Catholic and Arminian method of reasoning"=『변증학』, 148) 등을 보라.

[194] 이런 병렬의 예는 무수하다. *Defense*, 96(=『변증학』,126), 98(=『변증학』, 128-29), 105(=『변증학』, 136), 110(=『변증학』, 142-43), 111(=『변증학』, 144), 113(=『변증학』, 146), 114(=『변증학』, 147) 등을 보라.

은 그저 개연성 있는 하나님이 아니라 성경이 말하는 확실한 하나님을 믿는다고 해도, 변증의 상황에서 그렇게 개연성의 용어를 사용하는 것은 변증을 위해 자신의 입장을 유보하거나 절충하는 것이며, 결국 자신의 기독교적 입장에 충실하지 않은 것이 되어, 불신자에게도 솔직하지 않은 것이 아니냐고 반틸은 묻는다. 그렇기 때문에 우리는 하나님에 대한 논의에서 그저 개연성만을 가지고 말하지 말아야 한다는 반틸의 강한 주장을 우리는 듣게 된다.196)

그럼에도 불구하고 이런 알미니안 변증은 계속해서 지속적으로 우리 주변에 나타나고 있다. 반틸과 직접 논쟁하기도 했던 몽고메리,197) 클락 피녹과 같은 이들만이 그리할 뿐 아니

---

195) *Defense*, 197(=『변증학』, 240), 258(=『변증학』, 308); CA, 13.
196) Cf. "Credo" in JA, 7. 그런데 프레임은 반틸 자신의 논의를 포함해서 모든 논의는 완벽할 수 없으므로 우리는 최선의 노력을 다한 후에도 우리의 논의는 개연적인(probable) 논의일 뿐이라고 해야 한다고 말한다(Frame, *Van Til*, 277). 그리고 버틀러의 개연성에 근거한 논의가 "그 자체로 잘못된 것은 아니다"라고 말한다(*Van Til*, 283). 프레임의 이런 논의는 반틸이 하나님에 대하여 결코 개연성이 높은 하나님으로 말하지 말아야 한다는 강조점과는 상당히 다른 논의이며, 자못 방향이 다른 논의일 수도 있음을 유념해야만 한다.
197) John Warwick Montgomery, *Christianity and History* (Downers Grove, Ill.: IVP, 1964); *Where Is History Going?* (Grand Rapids: Zondervan, 1969); "Once Upon an A Priori …" in JA, 391. 몽고메

❶ 존 워윅 몽고메리
❷ 클락 피녹
❸ 노만 가이슬러
❹ 윌리엄 레인 크레이그
❺ 조쉬 맥도웰
❻ 스티븐 데이비스
❼ 리처드 스완번

라,198) 근자의 조쉬 맥도웰,199) 노만 가이슬러,200) 윌리엄 래

리에 대해서는 Reymond, 『개혁주의 변증학』, 195-204; Bahnsen, *Van Til's Apologetics*, 75, 76, n.92를 보라.

198) Clark Pinnock, *Biblical Revelation: The Foundation of Christian Theology* (Chicago: Moody Press, 1971), 특히, 38-42; *Set Forth Your Case: An Examination Christianity's Credentials* (Chicago: Moody Press, 1971); "The Philosophy of Christian Evidence" in JA, 422-23. 피녹에 대해서는 Reymond, 『개혁주의 변증학』, 205-206; Bahnsen, *Van Til's Apologetics*, 75-76을 보라.

199) Josh DcDowell, *Evidence That Demands a Verdict,* Revised Edition (San Bernardini, CA: Here's Life Publishers, 1979); Bill Wilson compiled, *The Best of Josh McDowell: A Ready Defense* (San Bernardini, CA: Here's Life Publishers, 1990).

200) Norman Geisler, *Christian Apologetics* (Grand Rapids: Baker, 1976).

인 크레이그[201] 등 일반적인 변증가들과 스티븐 데이비스나[202] 리처드 스윈번[203] 같은 종교 철학자들의 논의도 다 이

---

[201] William Lane Craig는 캘리포니아 주 라 미라다(La Mirada)에 있는 탈봇 신학교(Talbot School of Theology)의 철학 연구 교수(Research Professor of Philosophy)다. 그러나 그는 조지아 주 애틀랜타(Atlanta, Georgia)에서 그의 아내 잰(Jan), 그리고 두 자녀(Charity and John)와 함께 살고 있다. 그는 고등학생 때인 16세 때 복음을 듣고 주님을 위해 살기로 했다고 한다. 휘튼 대학에서(Wheaton College) 학사 학위를 받고(B.A, 1971), 트리니티 신학교에서 공부했으며(Trinity Evangelical Divinity School, M.A, 1974; M.A, 1975), 영국 버밍햄 대학교에서 박사 학위(the University of Birmingham, Ph.D, 1977), 독일 뮌헨 대학교에서 신학 박사 학위를 받았다(University of Munich, D. Theol, 1984). 그는 1980~86년에 트리니티 신학교에서 가르쳤으며, 1987년부터 1994년까지는 브뤼셀의 루뱅 대학교(the University of Louvain)에서 연구하였다. 그의 홈페이지에 있는 다양한 정보와 내용을 참조하라(http://www.leaderu.com/offices/billcraig/)

Cf. William Lane Craig, *The Son Rises: The Historical Evidence for the Resurrection of Jesus* (Chicago: Moody Press, 1981); *Apologetics: An Introduction* (Chicago: Moody Press, 1984); *The Only Wise God* (Grand Rapids: Baker, 1987); *Knowing the Truth about the Resurrection* (Ann Arbor, MI.: Servant Books, 1988); *Assessing the New Testament Evidence for the Historicity of the Resurrection of Jesus* (Lewiston, NY.: Edwin Mellen, 1989); "Classical Apologetics" in Steven B. Cowan, *Five Views on Apologetics* (Grand Rapids: Zondervan, 2000): 26-55.

[202] 1970년부터 Claremont McKenna College의 종교와 철학 교수로 있는 그의 다음 책들을 보라. Stephen T. Davis, *Risen Indeed: Making Sense of the Resurrection* (Grand Rapids: Eerdmans, 1993); *God, Reason and Theistic Proofs* (Grand Rapids: Eerdmans, 1997). *Faith, Skepticism, and Evidence* (Bucknell, 1978); *Logic and the Nature of God* (MacMillan, 1983). 그는 또한 다음 책들을 편집하였다: *Encountering Evil: Live Options in Theodicy* (Westminster, 1981); *Encountering Jesus: A Debate on Christology* (Westminster, 1988); and *Death and Eternal*

런 방법을 사용하는 것이다.204)

그러나 반틸은 '블록 하우스 방법론'에 근거하여 개연성 추론을 가지고 논의하는 알미니안 변증은 결국 기독교적 입장에 충실하지 않은 것이며 비성경적 형태의 변증 방법을 사용하는

Life (Macmillan, 1989).

203) 옥스퍼드에서 철학과 신학을 공부하고 헐 대학 철학과에서 Lecturer (1963~69)와 Senior Lecturer(1969~72)를 역임한 뒤, 킬 대학교에서 철학 교수로 있었다(Professor of Philosophy, University of Keele, 1972~85), 1985년에 옥스퍼드의 기독교 종교 철학 담당의 놀노스 교수직으로 옮겨 2002년에 은퇴하였다(Nolloth Professor of the Philosophy of the Christian Religion, University of Oxford, 1985~2002). 현재 옥스퍼드 대학교의 명예 교수와 오리엘 칼리지 명예 펠로우이며 영국 학술원 회원인 리처드 스윈번의 다음 책들을 보라. Richard Swinburne, *The Concept of Miracle* (London & New York: Macmillan, 1970); *The Coherence of Theism* (Oxford: Clarendon Press, 1977; revised ed., 1993); *The Existence of God* (New York: Oxford University Press, 1979); *Faith and Reason* (Oxford: Clarendon Press, 1981); *The Evolution of the Soul* (Oxford: Clarendon Press, 1986; Second edition 1997); *Responsibility and Atonement* (Oxford: Clarendon Press, 1989); *Revelation: From Metaphor to Analogy* (Oxford: Clarendon, 1991); *The Christian God* (Oxford: Clarendon, 1994); *Providence and The Problem of Evil* (Oxford: Clarendon, 1998); *Epistemic Justification* (Oxford: Clarendon Press, 2001); *The Resurrection of God Incarnate* (Oxford: Clarendon Press, 2003).

204) 근자에 클락 피녹, 몽고메리, 판넨베르크와 게리 하버마스(Gary Habermas) 등을 증거주의자(evidentialist)로, 스프라울, 가이슬러, 크레이그, 스윈번 등을 고전적 변증가로 나누는 논의가 있으나(대표적인 예로 Steve B. Cowan의 *Five Views on Apologetics* [Grand Rapids: Zondervan, 2000], 특히 15-17을 보라), 이들 사이의 차이는 이 논자들도 인정하듯이 그리 큰 것이 아니다(Cowan, 16, 56, 92, 122, 132).

것이라면서 변증가들은 이런 방법을 사용해서는 안 된다고 한다. 왜냐하면 이런 방법론은 자연인에게 어느 정도의 자율성(autonomy)을 부여하여("Response to Dooyeweerd" in JA, 124; CG, 19), 결국 "추론의 의미 자체를 파괴하는 원칙들의 용어로 추론의 방법을 발전시키려고" 하기 때문이다("Response to Dooyeweerd" in JA, 124).

(3) 개혁신학자들의 알미니안 변증 방법에 대한 반틸의 논박

그런데 반틸이 놀라는 것은 신학적으로 알미니안주의자들만이 이런 변증 방법을 사용하는 것이 아니라, 아주 뛰어난 개혁주의자들도 때때로 이런 알미니안적 변증 방법을 사용한다는 것이었다. 일부 개혁신학자들이 변증에서는 이런 알미니안적 변증 방법을 사용하는 것에 대해서 반틸은 매우 심각한 문제 제기를 한다. 이는 신학에서는 매우 철저한 개혁파적 입장을 견지하는 그들이 변증 방법에서는 철저한 개혁파적 성격을 절충하려는 것이기 때문이다. 반틸과 그의 친구들은 이런 입장에 대해 '덜 철저한 칼빈주의적 입장'(less consistent Calvinism)이라고 부른다.

예를 들어, 프린스턴의 조직신학자라고 할 수 있는 핫지는 이성의 기능을 (1) 계시를 받아들이는 기능, (2) 계시의 판단자 기능, (3) 계시의 증거들을 판단하는 기능 등으로 제시하였

다. 반틸은 이런 논의에 대해 부분적으로 찬동하면서도 특히 뒤의 두 가지에 대해서는 강하게 비판한다. 핫지는 이성의 둘째 기능인 계시의 판단자(the judicium contradictionis) 기능에 대해서 다음과 같이 말하고 있다: 사람의 이성은 "어떤 것이 가능하고 가능하지 않은지 결정할 수 있는 특권을 가지고 있다. 일단 그것이 불가능한 것으로 보여 지면, 그 어떤 권위나 그 어떤 정도나 그 어떤 종류의 증거도 그것을 참된 것으로 받아들이도록 강요할 수 없다."[205] 이에 대해서 반틸은 이 때 핫지가 중생자의 이성의 기능과 비중생자의 이성의 기능의 차이를 전혀 구별하지 않고 이렇게 말하는 것에 대하여 매우 강하게 비판한다. "만일 중생하지 않은 사람들이 '그들이 파악하는 그 복음'에 대하여 '그들이 가진 바 그 모순율'을 적용하라는 말을 듣게 되면, 그것은 복음을 거부하라는 말을 듣는 것이 되는 것이다"(IST, 41=『개혁주의 신학 서론』, 76). 더 나아가서 이성이 계시의 논리적 일관성을 판단할 수 있는 자격을 가지고 있는 것이 아니라, 이성 자체가 하나님께 종속해야만 한다는 것을 반틸은 강조한다.

또한 핫지는 이성의 셋째 기능, 즉 "이성이 계시에 대한 증거들의 판단자"라는 점과 관련하여, 성경은 결코 "적절한 증

---

[205] Charles Hodge, *Systematic Theology* (Grand Rapids: Eerdmans, n, d.), 1:51.

거에 근거하지 않은 신앙을 요구하지 않는다"고 말한다.206) 이에 대하여 반틸이 과연 어떻게 반응하는가? 이에 대해 반틸은 핫지의 다소 중립적인 논의에 대해 문제를 제기하면서 우리는 "기독교 유신론에 근거해서라야 이성과 계시의 참된 조화를 찾을 수 있다고 논의하는 것이 필요하다"는 것을 강조하여 말한다(IST, 41=『개혁주의 신학 서론』, 77). 진정한 기독교 유신론적 전제가 분명하면, 즉, 우리가 말하는 이성이 성령님께 의존하여 제대로 작용하는 이성임이 분명하면, 반틸은 "기독교는 이성의 모든 적법한 요구에 상응한다"고까지 말한다.207) 그런데 불신자의 이성이 과연 그렇게 작용하는 이성인지를 반틸은 강하게 질문하는 것이다.

또한 프린스턴의 그 신학자(the theologian)라고 할 수 있었던 워필드의 변증에 대해 생각해 보자. 워필드의 『성경의 영감과 권위』의 후대 출판본에 반틸은 자신이 서문을 써서 붙일 정도로 워필드는 반틸이 매우 존경하는 개혁신학자였다. 그런데 워필드는 그의 '변증'에서는 개혁파 신학을 전부 전제하고서 변증에로 나아가려는 아브라함 카이퍼의 인식을 의식적으로 비판하면서, 우리는 먼저 '변증'으로 모든 이들이 동의할 것을 세워 놓은 후에야 비로소 본격적인 신학에로 나아 갈 수

---

206) Hodge, *Systematic Theology*, I:53.
207) CGG, 184: "Christianity meets every legitimate demand of reason."

있다는 입장을 제시했다. 워필드는 이와 같이 변증은 조직신학이 작업할 수 있는 토대를 마련하는 것이라고 보았다.208) 따라서 워필드는 우리가 변증할 때는 아직 신학적 전제를 가지지 않은 상태에서 논의하는 것이라고 한다. 반틸은 이 점에 대해서 강력한 문제의 제기를 한다.209)

물론 실제의 워필드는 그가 이론적으로 제시한 것보다 낫다. 그의 주장 중에는 성경 가운데서 말씀하시는 하나님을 믿는 마음으로 논의하는 부분이 있다. 그 때문에 워필드가 내리고 있는 결론은 개혁신학적인 것이 되었음을 반틸은 잘 지적한다. 그러나 이 사실 자체가 바른 변증의 방법은 워필드와 같은 방법이 아니라, 철저한 기독교적 전제를 가지고 논의하는 방법이어야 한다는 것을 잘 보여 준다. 그런 철저한 전제를 가지고 말한다면 반틸은 워필드와 함께 "기독교 신앙은 맹목적인 신앙이 아니라, 증거에 근거한 신앙이다"라고 기꺼이 말하기도 한다(CTK, 250).

반틸은 워필드 뿐만이 아니라 프린스턴의 이전 변증학자들

---

208) Warfield, "The Idea of Systematic Theology" in *Studies in Theology* (New York: Oxford University Press, 1932), 57, 74; Warfield, "Introductory Note" to Francis R. Beattie, *Apologetics* (1903), 21-24.
209) 워필드의 변증 방법에 대한 반틸의 소개와 자세한 비판으로는 Van Til, *Defense,* 260-66=『변증학』, 310-17을 보라. 또한 이는 Van Til, "Response to Dooyeweerd" in JA, 91-92.에서도 자신의 할 일로 강조되어 언급되기도 한다.

이 변증학에서는 거의 다 중립적인 방법, 즉 알미니안적 방법을 사용하려고 하였음을 꼼꼼히 분석하면서 그런 변증 방법의 문제점을 지적해 낸다. 예를 들어, 반틸은 1892년부터 프린스턴의 변증학 교수였고 반틸 자신에게 변증학을 가르쳤던 윌리엄 브렌톤 그린(William Brenton Greene, Jr.)도, 워필드와 같이 그 신학에서는 철저히 개혁주의적이지만, 변증에서는 때때로 "지각하고 비교하며 판단하고 추리하는 인식 기능"인 이성에 호소하는 면을 강하게 보였으며, 이런 이성관에 근거해서 "이성은 그 자체의 영역 내에서 종교적 진리의 근원과 기초 그리고 척도가 될 수 있다"는 입장을 보였다고 지적한다.[210] 예를 들어, 그린 교수의 이성과 성경의 관계에 대한 다음과 같은 말에서 이런 태도가 잘 나타난다는 것이다.

> 이성은 성경이 하나님의 말씀이며 따라서 하나님의 권위에 의해서 받아들여져야만 한다는 것의 증거를 필히 검증해야만 한다. 만약에 증거가 없다면 성경을 믿는 것은 비이성적인 것이요, 불가능한 일이다. 왜냐하면 신앙은 동의를 포함하며 그와 같은 동의는 증거에 의해서 생

---

210) William Brenton Greene, Jr., "The Function of Reason in Christianity" in *Presbyterian and Reformed Review* (1895), 481, cited in Van Til, *Defense,* 267. 그린에 대해서도 반틸의 이 책, 266-75 = 『변증학』, 317-27을 보라.

성된 확신이기 때문이다.211)

　반틸은 이와 같이 인간 이성의 능력을 높이 보며 논의하는 일의 위험성을 깊이 의식하면서, 이런 구프린스턴 변증학의 접근법을 나타낸 또 다른 경우로 그린 교수에게 헌정된 그린 교수의 제자의 책인 해밀턴(Floyd E. Hamilton)의 『기독교 신앙의 기초 The Basis of the Christian Faith』를 언급한다.212) 그래서 반틸은 플로이드 해밀턴의 변증에 대해서도 철저한 분석에 근거한 비판을 한다.213) 이 부분의 반틸의 논의는 어떤 의미에서 개혁신학의 진전이 과연 어떤 식으로 이루어지는 것인지 잘 보여주는 논의라고 할 수 있다.214)

---

211) Greene, "The Function of Reason in Christianity" in *Presbyterian and Reformed Review* (1895), 498, cited in Van Til, *Defense*, 268=『변증학』, 318-19.

212) Floyd E. Hamilton, *The Basis of the Christian Faith* (New York, 1927). 해밀턴의 이 책에 대한 반틸의 논의와 분석으로는 다음을 보라. Van Til, *Defense*, 276-85=『변증학』, 327-38.

213) Van Til, *The Defense*, 276-85; *A Christian Theory of Knowledge* (Phillipsburg, NJ.: Presbyterian and Reformed, 1969), 255-72. 이 때 반틸은 Hamilton, *The Basis of the Christian Faith* the Fourth Edition (1964)을 중심으로 분석하여 비판한다.

214) 좀 다른 측면이긴 하지만 그의 후계자라고 할 수 있는 프레임도 반틸의 변증학 중에서 성경적인 부분은 이후의 변증학을 위해 필수 불가결한 부분이지만, 성경에 잘 근거하고 있지 않은 측면들은 아무 미련 없이 버릴 수 있는 것이라고 하면서(Frame, *Van Til*, 398), 후배들에 의한 개혁신학의 발전이 어떻게 이루어져야 하는

이들 뿐만이 아니라 일반적으로 개혁신학자들이라고 할 수 있는 윌버 스미스(Wilbur Smith),[215] 좀 더 귀납법적인 변증 방법을 드러낸 올리버 버스웰(Oliver Buswell, Jr.),[216] 정통장로교회 총회에서 '클락 케이스'로 유명하게 된 연역적 변증 방법의 사용자인 고든 클락(Gordon H. Clark)이나,[217] 반틸에게서 배우기도 했던 에드워드 카넬(Edward J. Carnell),[218] 그

지를 잘 보여 주고 있다.

[215] 윌버 스미스에 대한 반틸의 논의로는 Van Til, *Defense*, 238-41, 242=『변증학』, 285-88, 290; IST, 42=『개혁주의 신학 서론』, 78을 보라.

[216] 그래서 버스웰은 좀더 귀납적으로 정식화한 형태의 아퀴나스적 논증을 변호하기도 하였다. 참고. Oliver Buswell, *A Christian View of Being and Knowing* (Grand Rapids: Zondervan, 1960), esp., 168-73; *A Systematic Theology of the Christian Religion*, 2 vols. (Grand Rapids: Zondervan, 1962~63). 버스웰에 대한 반틸의 논의로는 Van Til, *Defense*, 235-37, 242=『변증학』, 282-84, 290; IST, 111, 175-179, 193=『개혁주의 신학 서론』, 187, 290-96, 316; CTK, 제10장, SCE, 부록을 보라.

[217] Gordon H. Clark, *A Christian View of Men and Things* (Grand Rapids: Eerdmans, 1952); *Three Types of Religious Philosophy* (Nutley, NJ.: Craig, 1973). 클락의 신학과 변증에 대한 소개로 Bahnsen, *Van Til's Apologetics*, 660-670을 보라. 또한 클락의 귀납적 방법에 대한 철저한 불신과 철저한 연역적 태도를 보려면 Bahnsen, *Van Til's Apologetics*, 242-243, n.194를 보라.

[218] 카넬에 대한 논의는 그의『기독교 변증학 서론』에 대한 반틸의 서평으로 *Westminster Theological Journal* 11 (1948): 45-53을 보라. 또한 Van Til, *Defense*, 227-29, 241-242, 246-48=『변증학』, 272-75, 289-91, 295-97; CfC, 61-105; IST, 163, 167-73, 186-89=『개혁주의 신학 서론』, 271, 277-86, 315-316을 보라. 또한 이승구,

❶ 고든 H. 클락 ❷ 로날드 내쉬
❸ 칼 헨리(Carl F. Henry)
❹ 에드워드 존 카넬

리고 칼 헨리(Carl F. Henry) 같은 이들도 어느 정도는 이런 변증 방법을 사용하려고 한다는 점을 지적한다.[219] 로날드 내쉬(Ronald Nash)도 그런 접근을 하는 이로 나타난다.[220]

예를 들어, 고든 클락은 적어도 그 진술 방식에 있어서 성경과 기독교 유신론의 주장은 논리적 정합성의 검증을 통과해야만 하는 가정(hypothesis)으로 취급하고 있다.[221] 이런 맥

"Cornelius Van Til 사상에서의 '합리성'에 관한 연구", 『개혁신학에의 한 탐구』 (서울: 웨스트민스터 출판부, 1995), 226-29도 보라.

219) 칼 헨리에 대한 반틸의 언급으로 IST, 191-192.=『개혁주의 신학서론』, 313-15 등을 보라.

220) 대표적인 예로 Ronald Nash, "Attack on Human Autonomy" (a review of Van Til's *A Christian Theory of Knowledge*), *Christianity Today* 14 (Jan. 16, 1970), 349; *The Word of God and the Mind of Man* (Grand Rapids: Zondervan, 1982), 100을 보라.

221) 참고. Clark, "Special Divine Revelation as Rational" in *Revelation and the Bible*, ed. Carl F. H. Henry (Grand Rapids: Eerdmans, 1959), 37; idem, *A Christian View of Men and Things* (Grand Rapids: Eerdmans, 1952), 24-25, 31, 92, 147, 273, 318, 324.

락에서 고든 클락은 "내가 믿기로는 성경의 논리적 일관성을 드러내려는 시도가 성경이 영감 되었음(inspired)을 변증하는 최선의 방법이라고 여겨진다"라고 하였다.[222] 반틸은 이런 태도와 진술이 '일종의 기독교 합리주의적 입장'이라고 비판한다. 성경을 이성의 합리성의 기준을 거쳐 받아들이려고 하는 것이 옳지 않다는 것이다. 그러나 이런 매우 심각한 논쟁이 있은 후에도 클락은 인격이란 명제들의 복합체(a composite of propositions)이며, 어떤 인간의 명제들은 하나님의 명제와 동일하다고 논의하였다.[223] 또한 한 곳에서는 요한복음 1:1을 "태초에 논리(Logic)가 있었고 …… 논리가 하나님이시니라"라고 번역하여 제시하기도 하고,[224] "하나님과 논리는 하나요 같은 제일 원리이다"고 주장하기도 한다.[225] 이는 반틸이 클락을 일의론적(一義論的, univocal)이라고 비판한 것을 확증

---

[222] Clark, "How May I Know the Bible is Inspired?" in *Can I Trust My Bible* (Chicago: Moody Press, 1963), 23.

[223] Gordon H. Clark, *Language and Theology* (Phillipsburg: Presbyterian and Reformed, 1980), 29.

[224] Clark, "The Wheaton Lectures" in *Philosophy of Gordon H. Clark*, ed. by Ronald H. Nash (Philadelphia: Presbyterian and Reformed, 1968), 23-122, 인용문은 67에서 온 것임. 물론 클락은 후에 이 표현을 "상대적으로만 정확하며 따라서 좀 부적절한 번역일 수 있음"을 인정하는 말을 하기도 했다. 참고. Clark, *The Johannine Logos* (Philadelphia: Presbyterian and Reformed, 1972), 16.

[225] Clark, "The Wheaton Lectures," 68.

하는 것이라고 할 수 있다. 그런 의미에서 반틸은 클락을 '합리주의자'라고 평가하는 것이다.

그런가하면 클락은 반틸을 하나님에 대하여 실제적으로는 아무 것도 알 수 없게 하는 '신정통주의적 비합리주의'를 주장하는 것으로 비판한다.[226] 그러나 반틸이 신정통주의적 비합리주의자로 언급된다는 것 자체가 그의 분석의 문제를 드러내 준다고 여겨진다. 물론 후에 클락은 기독교를 우리가 그것을 선택하거나 상정할 수 있을 뿐, 증명할 수는 없는 신앙지상주의적인 첫 공리(fideistic first axiom)로 여기기도 한다.[227] 그러나 그는 이때에도 반틸적인 의미의 전제주의적 입장을 표명하는 것은 아니다.[228]

에드워드 존 카넬(Edward John Carnell, 1919~67)은 반틸에게 배운 가장 총명하고 유망한 학생들 가운데 하나였고[229] 가장 영향력 있는 일을 할 수 있었던 사람 중의 하나였다고 할 수 있다. 카넬은 휘튼 대학교에서 고든 클락의 지도 아래 공부

---

226) 참고. Gordon H. Clark, "The Bible as Truth", *Bibliotheca Sacra* 114 (April 1957); 157-70.
227) 참고. Clark, *Three Types of Religious Philosophy* (Nutley, NJ.: Craig Press, 1973), 7-8, 104-107, 110.
228) 클락에 대한 반틸의 논의로 IST, 13장; 그리고 DoS, 62-72를 보라.
229) 이런 평가는 상당히 많은 이들이 동의하는 것이다. 참고. Frame, *Van Til*, 285.

한 후, 웨스트민스터 신학교에 진학하여 반틸 밑에서 공부하였던 것이다. 여러 문제에도 불구하고 반틸은 카넬을 높이 사면서, 그가 자신의 후계자 역할을 할 수 있을 것으로 기대하기도 했다고 한다.[230] 카넬은 특히 존더반 출판사에서 신학 책 공모를 했을 때 『기독교 변증학 입문』을 써서 수상할 정도로 변증학에 관심을 기울였고,[231] 당시에 새로 세워졌던 풀러 신학교의 학장을 하면서 변증학을 가르쳤던 뛰어난 학자였다. 그의 신학적 발달에 대한 고든 루이스의 다음과 같은 묘사는 그의 신학적 특성과 신학 교육 과정을 조화롭게 연관시키고 있다는 점에서 매우 흥미롭고 적절한 것이라고 판단된다.

> 웨스트민스터 신학교의 반틸은 '성경에서 자증하시는 삼위일체 하나님'의 존재를 그의 출발점으로 삼았다. 그러나 카넬에게는 이것이 불변의 전제가 아니었고, 검증되어야 할 가정이었다. 진리에 대한 그의 검증은 삼중적이다. 휘튼 대학교 고든 클락(Gordon H. Clark)의 교실에서 카넬은 비모순률(noncontradiction)이라는 시금석을 발견하였다. 실증적 사실과의 부합성이라는 시금석은(the test

---

[230] 이에 대해서는 Van Til, "Response to Gordon R. Lewis" in JA, 361; 그리고 Frame, *Van Til,* 286 등을 보라.

[231] Edward John Carnell, *An Introduction to Christian Apologetics* (Grand Rapids: Eerdmans, 1948).

of fitness to empirical fact) 카넬이 철학 박사 학위를 받은 보스턴 대학교의 브라이트맨(Edgar S. Brightman)이 대표자였다. 그리고 인격적 경험에 대한 적합성(the relevance to personal experience)이라는 요구는 하버드 대학교에서 키에르케고어와 라인홀드 니버에 대한 연구로 신학 박사(Th.D) 학위를 받으면서 중요하게 여기게 되었다.

이 모든 것들은 1948년 카넬의 수상작 『기독교 변증학 입문』을 출판했을 때 잘 모아져서 나타났다고 할 수 있다.[232]

이 책에서 카넬은 어떤 점에서는 매우 반틸적으로 들리는 말을 많이 한다. 성경의 자증하는 권위를 매우 강조하고(66), 하나와 여럿의 문제를 논의하며(34-41), 창조주-피조물의 구별이 근본적인 것이라고 말하고(40), 삼위일체를 기독교적 사유의 출발점으로 언급한다(124).

그러나 카넬은 자신이 출발점으로 제시한 것을 의심할 바 없는 전제가 아니라 하나의 가정(hypothesis)라고 말하면서[233] 그와 반틸의 큰 거리를 드러내기 시작한다. 그는 이렇게 말한다: 그리스도인은 "합리적 하나님이라는 요청이 증거에 비추

---

232) Gordon R. Lewis, *Testing Christianity's Truth Claims* (Chicago: Moody Press, 1976), 176, 강조점은 필자의 것임.
233) 여러 곳에서 그리하지만 특히 그의 A *Philosophy of the Christian Religion* (Grand Rapids: Eerdmans, 1952), 164, 270-71을 보라.

어 활용 가능한 가정이라고 믿는다".234) 이와 같이 카넬이 기독교의 계시를 이 세상의 합리적인 사람의 동의를 얻을 수 있는 것으로 제시할 때 그는 반틸과 거의 대립하는 것처럼 들린다. 예를 들자면, 카넬은 다음과 같이 말한다:

> 당신의 계시를 가져오라! 그것을 모순률과 역사의 사실들과 조화되게 하라. 그러면 그 계시는 합리적인 사람의 동의를 받기에 적당할 것이다. 성경을 조심스럽게 조사해 보면, 성경이 이런 엄격한 시험을 최우등(summa cum laude)으로 통과하리라는 것을 보여 줄 것이다.235)

또한 카넬은 "기독교 신앙에 대한 증명이라는 것은 우리가 토론할 가치가 있는 그 어떤 세계관에 대한 토론과 마찬가지로 합리적 개연성(rational probability) 이상의 것을 가질 수 없다. …… 증거가 더 많을수록 그 개연성의 강도가 증가하는 것이다"라고 말한다.236) 이런 태도가 반틸과 대립한다는 것은 카넬과 반틸도 잘 의식하고 있었다.

---

234) Carnell, *Philosophy of Christian Religion*, 164: "believes the postulate of a rational God to be a workable hypothesis in the light of the evidence."
235) Carnell, *An Introduction to Christian Apologetics*, 178.
236) Carnell, *An Introduction to Christian Apologetics*, 113.

반틸은 카넬의 이 구절을 여러 번 언급하면서 그 문제점을 지적한 바 있다.[237] 반틸은 이렇게 불신자의 입장을 그대로 인정하면서 모순률을 수단으로 하여 합리적인 사람에게 호소하고 변증하는 카넬의 변증은 결국 "기독교의 파괴를 요구한다"고 하며(CfC, 82), 이는 "그의 기독교 신념 전체를 거부하도록" 한다고 지적한다(CfC, 85). 체계적 일관성(systematic consistency)을 중심으로 하는 카넬의 논의는 - 그 자신의 선한 의도에도 불구하고 - 결국 그와 같은 재앙을 초래하고야 만다는 것이다. 사람의 합리성과 도덕성에 호소하는 이런 방법은 중생한 사람과 중생하지 않은 사람을 제대로 구별하지 않기 때문이라는 것이다. 그래서 결국 카넬의 방법은 "자율적인 사람으로부터 시작하는 것"이 된다는 것이다(CfC, 95).[238] 그는 결국 일반 은총이라는 허울 아래 현대적 형태의 자연 신학적 작업을 하는 것이라고 한다(CfC, 95).

지금까지 우리는 개혁신학을 가진 이들 가운데 있는 비개혁주의적 변증의 모습을 살펴보았다. 과거로부터 이런 방법이

---

237) 참고. CfC, 7, 70; IST, 41-42.=『개혁주의 신학 서론』, 77-78.; Defense, 246-47=『변증학』, 295; RPMT, 58.
238) 이에 반하면서 카넬을 옹호하는 Gordon Lewis, "Van Til and Carnell -Part I" in JA, 351, 359를 보라. 이에 대한 반틸의 강한 반박(JA, 361-68)도 비교하면서 보라.

많이 사용되었으므로 이들이 사용한 변증은 흔히 전통적 (classical) 변증 방법이라고 언급된다. 자신이 제시하는 개혁주의 변증학과 아주 다른 이런 전통적 변증에 대해서 반틸은 "스콜라주의적 입장으로부터 버틀러(Butler)의 유명한 『유비』 (analogy)를 거쳐 유래된 것이다"라고 한다(Defense, 218=『변증학』, 263). 이런 방법에 대한 반틸의 강한 비판에도 불구하고, 오늘날 이런 방법을 다시 활발하게 사용하려는 시도들이 많이 나타나고 있다.[239] 그러나 반틸은 예로부터 현재까지 나타나고 있는 전통적인 변증 방법도 천주교나 알미니안 변증 방법과 같이 "사람들로 하여금 기독교를 받아들이도록 하기 위해 기독교를 양보하는 것이다"라고 강하게 비판한다. 그것

---

[239] 그 대표적인 예로 다음과 같은 시도들이 포함될 수 있을 것이다. R. C. Sproul, John Gerstner, and Arthur Lidsley, *Classical Apologetics: A Rational Defense of the Christian Faith and a Critique of Presuppositional Apologetics* (Grand Rapids: Zondervan, 1984); Sproul, *Objections* Answers (Glendale, CA.: Regal Books, 1978); Norman Geisler, *Christian Apologetics* (Grand Rapids: Baker, 1976); William Lane Craig, *Assessing the New Testament Evidence for the Historicity of the Resurrection of Jesus* (Lewiston, NY.: Edwin Mellen, 1989).
특히 스프라울 등의 작업에 대한 반틸적 입장에서의 좋은 비판으로 John Frame, "A Review" *Westminster Theological Journal* 47 (1985): 279-99, reprinted in *Apologetics to the Glory of Go*d (Phillipsburg, NJ.: Presbyterian and Reformed, 1994): 219-43; 그리고 Greg L. Bahnsen, "A Critique of 'Classical Apologetics,'" *Presbyterian Journal* 44, n.32 (December 4, 1985): 6-8, 11; Bahnsen, *Van Til's Apologetics,* 672를 보라.

은 결국 죄인들로 하여금 궁극적 실재에 대해서 판단하도록 하는 것이 되므로 불신자의 지식을 도전하지 못하고, 기껏해야 기독교의 개연성만 인정하게 하므로 우리의 하나님을 있을 가능성이 높은 신으로 만들 뿐이라고 한다.[240]

이에 반해서 철저한 개혁주의 변증은 전제주의적(presuppositional) 입장을 가지게 된다. 이는 먼저 불신자들의 입장을 논리적으로 끝까지 몰고 가서, '우연이 비인격적인 우주를 지배한다'는 중생하지 않은 이들의 전제에 근거하면, 우리는 이 세상의 그 어떤 질서도 합리성이 있다고 설명할 수 없다는 것을 드러내는 일을 하는 것이다. 그럼으로써 불신자들로 하여금 자신들의 입장에 아주 철저히 해 보도록 한 뒤, 기독교적 전제 아래에서는 우리의 삶과 실재가 과연 어떤 의미를 가지게 되는지 보도록 하는 것이다. 불신자들은 이를 받아들이지 못할 것 같으나 이런 변증을 제대로 제시하면 결국 불신자의 입장의 모순을 가장 효과적으로 드러내며, 그에게 복음의 본질을 손상시키지 않고 제시할 수 있는 방법이라는 것이다. 더

---

240) 그러므로 반틸 이후에 나타나고 있는 이런 전통적 변증에 대해서도 우리는 반틸적 입장에서 비슷한 비판을 할 수 있을 것이다. 리고니어 변증학자들에 대한 반틸적 반박으로 Frame, "Van Til and the Ligonier Apologetic" in *Apologetics to the Glory of God*, 219-43 = Frame, *Van Til*, 401-22를 보라. 또한 스프라울에 대한 이런 반틸적 입장에서의 반박으로 Bahnsen, *Van Til's Apologetics*, 72, n.69를 보라.

구나 이는 불신자 안에서 억압되고 있는 신의식(神意識, sensus deitatis)에 호소하는 가장 효과적인 변증 방법이 될 수 있다고 반틸은 주장한다.

(4) 전제주의 변증에 찬동하는 다른 개혁신학자들에 대한 논박

반틸은 더 나아가서 기본적으로 전제주의적 방법을 사용하지만 그에 충실하지 않은 이들에 대해서도 아주 구체적인 논의를 하여 결국 모든 점에서 철저한 개혁파 변증학이 이루어지도록 하는 일에 힘을 쓴다. 이런 작업의 기장 대표적인 경우가 자신의 전제주의 변증학을 수립하는 데 큰 밑받침이 된 아브라함 카이퍼에 대한 비판이나,[241] 그가 "현대에 있어서 개혁파 조직신학의 가장 위대하고도 가장 총괄적인 진술을 제공했다"고 평가하는 헤르만 바빙크의 변증에 대한 비판이라고 할 수 있다.[242]

---

[241] 카이퍼가 그의 사유 가운데 스콜라주의적 방법론의 잔재를 가지고 있었음에 대한 언급과 비판으로 Van Til, *Defense*, 286-90=『변증학』, 338-43; "Response to Dooyeweerd" in JA, 92를 보라. 또한 그의 "Reflections on Dr. A. Kuyper," *The Banner* 72 (December 16, 1937): 1187; CTK, 제8장; 그리고 CG도 보라.

[242] 위의 평가는 IST, 43에서 온 것이다. 바빙크에 대해서는 *Defense*, 290-99; IST, 제5장; 그리고 "Bavinck the Theologian", *Westminster Theological Journal* 24 (1961): 48-64를 보라.

반틸은 아브라함 카이퍼의 신학과 변증을 높이 사면서, 그러나 카이퍼가 믿음의 개념을 논의하면서 '형식적 믿음의 개념'(the idea of formal faith)을 사용한 것에 문제가 있다고 지적한다(Defense, 286=『변증학』, 338). 카이퍼는 죄로 말미암아 이 세상에 들어온 회의주의로 기울어지는 자연적 경향에 저항하는 '일반적 믿음'에 대하여 말한다. 그런데 그는 여기서 믿음이라는 말을 순전히 형식적 의미로(on the purely formal sense of the term) 쓰고 있다. 그러한 것은 "인간 주체 안에 내재적으로 박혀 있다"고 말한다. 또한 카이퍼에 의하면, 우리는 논리의 궁극적 명제들의 진리를 증명할 수 없으므로 모든 사람은 그것을 믿어야만 한다는 일반적 개념을 가지고 있다고 한다. 더 나아가서 믿음은 과학 체계를 건설하는 것을 돕는 원동력이라고 한다. 반틸은 이런 '일반적 믿음의 개념'을 생각하고 그것에 근거하여 논의를 전개시키는 것이 과연 무슨 의미를 지니는지 반박하는 것이다.

그리고 반틸은 카이퍼와 동시대의 변증가들의 작업에 대해서도 비판적인 태도를 취하고 있다. 이런 의미에서 반틸은 "카이퍼와 바빙크와 게싱크와 그리고 볼터에게서 발견하는 스콜라 철학의 잔재들에 대해서 비판적이어야 한다"고 주장한다.[243] 그는 또한 "카이퍼와 그의 동역자들이 전적으로 로마 가톨릭 교회의 종합적 사유라는 방법을 따르는 데서 벗어

나지 못했던 것은 그들에게 남아 있는 스콜라 철학의 잔재 때문이었다."라고 주장한다.[244]

이와 같이 반틸은 로마주의자들이나 알미니안주의자들의 변증만이 아니라 본질적으로는 그들과 같은 변증 방법을 사용하는 개혁신학자들을 비판할 뿐 아니라, 반틸 자신의 전제주의적 접근의 스승이라고 할 수 있는 카이퍼나 바빙크의 진술에 있을 수 있는 중립성을 시사하는 모든 것에 대해서도 강한 비판을 하고 있다. 이런 모습에서 우리는 반틸이 그의 신학에서 철저한 개혁신학을 제시하려고 했을 뿐만이 아니라, 그의 변증과 변증학도 철저히 개혁신학적인 것이 되게 하려고 애썼다는 것을 분명히 확인할 수 있다.

3. 기독교 철학자들과의 대화

이러한 반틸의 입장에 대해서 다른 기독교 철학자들은 과연 어떤 반응을 보이고, 그에 대해서 반틸 자신은 어떻게 반응할까? 반틸과 가장 가깝게 대화한 이들은 20세기 중반에 '암스테르담 학파'라고 불리기도 하던 일단의 기독교 철학자

---

243) Van Til, "An Address" in White, Jr., *Van Til*, 234.
244) 같은 책, 238.

들인 헤르만 도예베르트(Herman Dooyeweerd), 볼렌호번(D. Th. Vollenhoven), 자이드마(S. U. Zuidema), 폽마(K. Popma), 메케스(J. P. A. Mekkes), 스토커(H. G. Stoker), 판 레이선(H. Van Reissen), 로버트 누슨(Robert D. Knudsen), 에반스 러너(H. Evans Runner) 등이다. 반틸은 성경과 이전의 개혁신학자들의 작업에 근거하여 자신의 신학과 철학을 발전시켰고, 화란에서 기독교 철학 운동이 일어나자 그것을 열정적으로 환영했다.245) 또한 화란의 기독교 철학자들도 반틸을 그들이 발행하는 「개혁된 철학 *Philosophia Reformata*」의 편집인의 한 사람으로 포함시켰다. 반틸은 철학의 근본 동기(ground motives)에 대한 도예베르트의 분석을 스콜라주의 분석이나 변증법 신학 분석 등에서 즐겨 사용하였고, 또한 철학을 더 공부하기 원하는 학생들에게는 화란 암스테르담 자유 대학교에서 공부하도록 추천했다.

그러나 세월이 흐르면서 특히 반틸의 생각과 도예베르트의 생각 사이에 긴장이 나타나기 시작했다. 특히 1953년에 남아프리카공화국의 스토커(Hendrik G. Stoker)는 자신의 접근을 '창조 개념의 철학(the philosophy of the idea of creation)'이라고 명명하며 제시하였을 때, 반틸은 스토커의 표현이 더 옳은

---

245) 이에 대해서는 Frame, *Van Til*, 371을 보라.

것이라고 판단하면서 도예베르트의 '법' 개념은 좀 더 중립적으로 이해되며 사용될 위험이 있다고 하였다.246) 일단 반틸의 탄생 75주년 기념 논문집인 『예루살렘과 아테네』에247) 실린 다른 기독교 철학자들의 논의와 그에 대한 반틸 자신의 답변을 중심으로 스토커와 도예베르트 그리고 반틸의 관계를 정리해 보기로 하자.

(1) Hendrik G. Stoker

남아공의 대표적 기독교 철학자들 중의 하나인 헨드릭 스토커는 특히 반틸의 지식론에 관심을 보인다. 그는 근자에 심지어 개혁파 서클에서도 나타나고 있는 불확실성에 비해 반틸이 아주 철저한 입장을 나타내고 있다는 것을 긍정적으로 지적한다.248) 반틸의 지식론이 결국 신자와 불신자의 근본적 반립(反立)에 아주 철저하여, 불신에 근거한 그 어떤 지식론과도 타협하지 않음을 잘 지적한다(70). 그는 반틸이 그의 지

---

246) Frame, *Van Til*, 372.

247) E. R. Geehan, *Jerusalem and Athens: Critical Discussions on the Philosophy and Apologetics of Cornelius Van Til* (Phillipsburg, NJ.: Presbyterian and Reformed Publishing Co., 1971).

248) Hendrik G. Stoker, "Reconnoitering the Theory of Knowledge of Prof. Dr. Cornelius Van Til" in JA, 25-71. 인용은 25에서 온 것임. 71쪽도 볼 것. 이하 이 논문으로부터의 인용은 이 책의 면 수만을 본문 중에 삽입하기로 한다.

식론에서 아담적 지식, 중생하지 않은 이의 지식, 그리고 중생한 이의 지식으로 나누어 제시한 점은 기독교 지식론에 대한 중요하고도 독창적인 기여라고 주장한다(34, 49, 71). 또한 반틸은 심지어 헤르만 바빙크나 발렌틴 헤프, 도예베르트보다 더 "인간 지식의 궁극적 조건을 철저히 파고들어" 칼빈주의자들 가운데서도 아주 독창적이고 독특한 의의를 지닌 이론을 제안하고 있다고 높이 평가한다(37, 70). 이는 반틸이 그의 모든 논의를 삼위일체 하나님의 존재와 그의 경륜에 대한 궁극적 성경적 진리로부터 출발하는 것을 높이 인정하면서 말하는 것이다. 스토커는 이것이 전제로부터 출발하여 지식 이해에 대한 이 전제의 함의를 밝히고, 다른 지식론을 비판하는 초월적 비판(transcendent criticism)이라고 한다(35). 이에 비해서 도예베르트 같은 이는, 기독교 철학자로서 성경적 진리를 전제하기보다는 그의 선험적 방법(transcendental method)을 사용하여, 인간의 마음이 하나님이나 이론적 우상을 지향하고 있다는 종교적 근본 동기를 드러내는 일을 하였지만, 그것에서 더 나아가서 하나님과 그의 경륜을 설명하는 일은 하지 않았다고 비판한다(36).

그러나 스토커는 반틸의 지식론이 기본적으로 변증적 — 그는 이를 신학적이라고 생각한다 — 이므로, 기독교 철학을 전문적으로 하는 이가 반틸의 논의를 좀더 철학적으로 보충할 필요가 있다고 하면서, 자신의 특별한 문제와 작업 과제가 그런 '철학적 지식론'을 수립하는 것이라고 여긴다(25, 31, 46, 69). 그는 자신의 이런 특별한 작업이 하나님께서 말씀과 피조계를 통해서 자신과 피조계의 관계를 계시해 주신 것을 중심으로 생각하는 반틸의 생각을 존중하면서도, 자신은 기독교 철학자로서 궁극적 의미에서 하나님께서 사람에게 주시는 창조된 우주의 계시(the revelation of the created universe to man in an ultimate sense by God)를 좀 더 깊이 생각해야 할 책임이 있다고 한다(30-31). 따라서 반틸은 사람의 타락 이전의 질서를 '창조 질서'라고 말하지만, 스토커가 말하는 창조 질서(the order of creation)는 '죄에도 불구하고 지금도 존재하는 창조 질서'를 의미한다(33). 그래서 그는 이렇게 말한다. 죄에도 불구하고 "사람은 여전히 사람이며, 지식은 여전히 지식이다"(33).

적어도 스토커는 반틸만큼은 죄의 인지적 영향을 강조하지 않는 경향을 가지고 있다고 할 수 있다. 물론 스토커는 (1) "죄인이 이 세상에서 하나님의 계획 자체에 직면하고 있으나, (2) 그 계획에 대해 참으로 반응하는 방식으로 그것-즉, 피조물-을 온전히 만나지 못한다"는 것을 강조한다(33, (1)과 (2)는 논의를 위한 필자의 첨부임에 유의하라). 이 점에서 그와 반틸은 같은 입장에 있다. 스토커도 죄인은 "잘못된 전제"를 가지고 있어서, "인식 대상을 잘못된 관점에서 파악하고", 신앙을 잘못되게 지향하며, "잘못된 이론 구성을 따라서 인식 대상을 파악한다"는 점을 지적한다(33). 그 때문에 그 죄인은 인식자인 자신과 인식 대상 사이에 불투명한(opaque) '베일'을 드리우게 되며, 그 베일이 "제거되기 위해서는 특별 은총, 즉 중생과 말씀 계시가 필요하다"고 스토커는 잘 지적한다(34). 그러나 그는 이 둘을 다 강조하면서도 (1)을 좀 더 강조한다. 반면, 반틸은 그 둘을 다 강조하면서 (2)를 좀 더 강조한다고 할 수 있다.

스토커가 (1)을 강조하는 이유는 불신자들의 이론도 때로는 진리의 순간을 가질 수 있으며, 신자들도 가끔은 여전히 존재하는 죄의 영향으로 어떤 인식 대상에 대해서는 여전히 베일에 가려 있을 수 있기 때문이다. 따라서 스토커는, 반틸도 이런 저런 방식으로 이를 인정하고 있다고 하면서, 그리스도인 학자와 불신자인 학자의 협동이 "피할 수 없고 필수적인 것"이라고 본다(49, 70). 그러나 이는 그 자신도 잘 지적하듯이 일반 은총과 죄의 영향 때문으로 설명하는 것이 복잡한 문제를 제거하는 길이 아닐까? 반틸과 같이 (2)를 좀 더 강조하면서 일반 은총 때문에 불신자들도 때때로 진리의 단편을 말할 수 있다고 하는 것이 더 나을 것이다. 그러나 스토커와 반틸의 차이는 전문 영역에 따른 강조점의 차이로 나타난다. 그

둘은 서로 상대의 입장을 존중하면서, 기독교 철학자인 스토커가 그 영역에서 개혁파적 전제를 분명히 하는 반틸적 강조점에 근거하여 더 전문적인 논의를 해야 할 책임을 감당해야 한다는 데에 의견을 같이 하고 있다.

(2) Herman Dooyeweerd

화란 기독교 철학의 대변인이라고 할 수 있는 도예베르트는 그 자신의 이론적 사유에 대한 선험적 비판(transcendental criticism)의 관점에서 반틸의 생각을 어떻게 바라보고 평가할까?

먼저 도예베르트는 반틸이 초월적 비판(transcendent criticism)이라는 자신의 용어를 오해하고 잘못 사용하고 있다는 점을 지적한다. 자신은 초월적 비판이라는 말로서 "이론적 명제들(theoretical propositions)과 그 토대가 되는 초이론적 전제들(the supra-theoretical presuppositions)에 대한 비판적인 구별 없이 어떤 신학적 관점이나 다른 철학적 관점에서 철학적 이론들을 비판하는 독단적인 방식"을 지칭하는 것이었는데,[249] 반틸은 초월적 비판에 근거해야만 선험적 비판이 이루려고 하는 바가 설 수 있다는 식으로 잘못 사용하고 있다는 것이

---

249) Herman Dooyeweerd, "Cornelius Van Til and the Transcendental Critique of the Theoretical Thought" in JA: 74-89. 인용문은 75에서 온 것임. 이하 이 절에서 이 글로부터의 인용은 이 책의 면 수만을 본문 중에 밝히기로 한다.

헤르만 도예베르트
(Herman Dooyeweerd, 1894~1977)

다.250) 그는 자신이 이론적 사유에 대한 새로운 비판에서 이 점을 아주 분명히 하면서 스콜라 신학에서 자주 사용되던 이 초월적 비판을 왜 거부했는지 자세히 설명했음에도 불구하고 반틸이 이를 제대로 사용하지 않은 것에 대해서 안타까워한다(75). 특히 자신이 이를 강조한 이유가 "교의신학이 비성경적 동기에 의해 주도되는 일단의 철학적 개념들을 받아들여 교회의 교리에 자리 잡고, 결국 이런 일련의 개념들이 기독교 신앙의 조항으로 여겨질 수 있는 위험 때문이었다"는 것을 강조한다(75).251) 그 대표적인 예가 웨스트민스터 신앙고백서에

---

250) 이는 Van Til, "Biblical Dimensionalism" in *Christianity in Conflict* (Classroom Syllabus, 1962), vol. II, part 3, ch. 9, 47에 내용에 대한 도예베르트의 비판적 언급이다(74-75.).

251) 참고. Herman Dooyeweerd, *A New Critique of Theoretical Thought*, vol.1 (Philadelphia: Presbyterian and Reformed Pub. Co., 1953),

도 나타나고 있는 인간에 대한 토마스주의적이고 아리스토텔레스주의적인 이원론적 개념-즉, 인간을 영혼과 몸으로 구성된 것으로 보는 개념-이라고 하면서, 우리는 오히려 희랍의 형이상학적 토대를 포함한 전통적 스콜라주의적 관점을 철저한 성경적 입장에서 선험적 비판에 종속시켜야만 개혁철학을 위한 길이 개척된다고 한다(75).

그러나 하이델베르크 요리 문답도 마찬가지로 그런 개념을 가지고 있지 않은지 질문이 제기 될 수 있으며, 이런 질문은 실제로 발렌틴 헤프나 당시 자유 대학교 신학부의 일치된 의견을 통해서도 확인될 수 있을 것이다. 그런데 도예베르트는 이를 대표적인 초월적 비판으로 제시하고 있다(75). 그러나 도예베르트는 영혼이 육체와 현세적인 관계를 벗어버린 이후에 영혼에 남겨질 기능이 무엇인가라는 질문에 "아무 것도 없다"라고 대답한다. 그의 이런 입장이[252] 소위 중간 상태에 주는 함의에 대하여 근자에 개혁신학자들이 비판한 것을 참조하면,[253] 우리가 꼭 도예베르트의 입장에 찬동해야 하는 것인

37-38.

252) Herman Dooyeweerd, "Kuyper's Wetenschapleer," *Philosophia Reformata* 4 (1939), 193-232, 인용문은 204, cited in A. A. Hoekema, *Created in God's Image* (Grand Rapids: Eerdmans, 1986), 219.

253) 참고. William S. Young, "The Nature of Man in the Amsterdam Philosophy," *Westminster Theological Journal* 22/1 (Nov, 1957), 1-12; G. C. Berkouwer, *Man: The Image of God* (Grand Rapids: Eerdmans,

지 심각한 질문이 제기될 수도 있다. 프레임도 도예베르트가 전통적 개혁파 정통주의의 영혼과 몸의 구별조차도 거부하였다고 하면서 그가 인간성의 통일성을 강조한 것은 좋으나 인간성의 여러 측면들에 대한 신학적 분석에 반대한 것은 잘못된 것이라고 바르게 지적하고 있다.[254]

다음으로 도예베르트가 관심을 가지는 선험적 비판의 중요성을 생각해 보기로 하자. 도예베르트는 '기독교 신앙의 변증'에 관심을 가지는 신학적 변증학과는 달리, 철학적 사유 정향들에 대한 다른 종교적 근본적 동기들을 드러내는 것이 선험적 비판의 목적이라고 한다(76). 그래서 선험적 비판은 신앙의 고백이 아니라, "사유와 경험 자체의 이론적 태도의 내적 성질과 구조(the inner nature and structure of the theoretical attitude of thought and experience as such)"에 대한 탐구로부터 시작해야 한다는 것이다(76). 도예베르트에 의하면 "철학에서 참으로 비판적인 태도를 처음부터 보장하기 위해서는 이론적 사유에 대한 선험적 비판이 철학적 성찰의 아주 초기에 와야 한다"고 한다.[255] 그렇게 하지 않으면 대화가 시작되기도 전에 벌써 대화의 단절이 발생할 것이기 때문이라는 것

1962), 255-57; Hoekema, *Created in God's Image*, 219-21.
254) Frame, *Van Til*, 147, n.26.
255) Frame, *Van Til*, 38.

이다(77). 그러므로 도예베르트는 또 하나의 논의를 위해 기본적 토대를 마련하는 것이 된다. 그리고 이 선험적 비판의 초기 단계에서는 신앙 고백이 논외의 것이 된다고 단언한다(76). 그런데 그 토대 자체를 제시하여 탐구를 시작하는 것 자체가 또 하나의 큰 작업이 되므로, 아마 반틸의 입장에서는 이것이 일종의 블럭-하우스적인 방법이 아닌지 논박할 수 있을 것이다. 도예베르트는 이론적 사유의 성경적 근거 동기와 비성경적 근거 동기의 대립을 선험적 비판의 세 번째요 마지막 단계에 속하는 것으로 이해하기 때문이다(77).

따라서 도예베르트는 종교라는 말도 폭넓은 의미로 사용하여 그 종교적 충동은 하나님의 형상으로 창조함 받은 데서 온 것으로 여기며(78), 그것이 하나님을 향하여 제대로 반응할 수도 있고, 우상을 향하여 드러날 수도 있다고 한다. 이런 뜻에서 도예베르트는 반틸이 자신의 선험적 비판을 비판하면서 "종교적"이라는 말을 모호하게 사용하고 있다고 말한[256] 것이 문제가 있음을 강하게 지적한다(78). 그러면서 자신은 하나님의 창조의 질서 가운데서 주신 사태(the states of affairs)를 강조하고 있는 것이지, 반틸이 잘못 제시하고 있듯이 "성경의 진리에 의존하지 않는 객관성을 지닌 객관적 사태에"[257]

---

[256] Van Til, *Christianity in Conflict* (Classroom Syllabus, 1962), vol. II, part 3, ch. 9, 51.

호소하지 않는다고 말한다(81).

그러면서 도예베르트는 철학적 개념이 신적 계시의 초자연적 진리로부터 파생될 수 있다고 생각하는 반틸의 입장을 합리주의(rationalism)라고 비판한다(JA, 81).[258] 그는 말하기를 "성경은 자연과학적 지식이나 경제 이론이나 법 이론을 제공하지 않는 것처럼 철학적 개념들도 제공하고 있지 않다"라고 말한다(JA, 82). 더 나아가서 도예베르트는 우리는 하나님의 생각을 따라서 생각해야 한다고 말하는 반틸의 견해가 성경적인 견해가 아니라고 한다(JA, 84). 이런 도예베르트의 비판은 결국 하나님의 정신이 인간의 모든 합리성을 초월하는 것이라는 견해에 근거한 것이다.[259] 도예베르트에 의하면, 성경은 그 어디서도 모든 사람의 사고를 하나님의 사상에 종속시켜야 하나님의 음성을 듣는다는 말을 하지 않는다는 것이다(JA, 84). 오히려 성경은 마음에서 오는 하나님의 뜻에 대한 순종을 강조한다고 하면서, 반틸의 순종의 이해에는 이런 점이 결여되어 있다고 한다(JA, 84). 그는 반틸이 하나님의 정신이 인간의 모든 합리성을 초월하는 것이라는 점을 인정하지

---

257) Van Til, *Christianity in Conflict*, vol. II, part 3, ch. 9, 55.
258) 이런 도예베르트의 비판을 비판하면서 도예베르트가 반틸을 합리주의로 비난하는 것의 근거가 없다는 좋은 논의로 Frame, *Van Til*, 383-85를 보라.
259) 참고. Frame, *Van Til*, 146.

않고 인간의 "분석적 판단"을 신적 사유의 모델로 사용했다고 비판한다.

그러나 이는 좀 지나친 비판으로 여겨진다. 반틸은 전심의 순종을 강조하면서 그 한 측면으로 인지적인 면의 순종으로 하나님의 사유를 따라서 사유하는 것을 강조하는 것으로 보아야 할 것이다. 도예베르트가 이 점을 무시하는 것은 계시나 성경적 의미에 대한 그의 이해와 연관된다고 여겨진다. 그는 "계시적 의미는 모든 인간의 개념을 초월하는데, 이는 그것이 초합리적(supra-rational) 성격을 지니고 있기" 때문이라고 한다(JA, 86). 물론 초합리적인 것이 비합리적(irrational)인 것으로 여겨져서는 안 된다고 한다. 그러므로 도예베르트는 반틸이 말씀 계시와 하나님과 사람의 종교적 관계에 대하여 합리주의적 견해를 가지고 있다고 비판한다(JA, 86). 또한 반틸이 본래적 신적 존재와 그 속성에 대한 형이상학적 이론으로 떨어졌다고 비판한다(JA, 86). 그래서 반틸은 하나님의 존재가 철저히 합리적이라고 했는데, 자신은 이에 동의할 수 없다고 한다(JA, 88). 그리고 이런 형이상학 때문에 반틸이 이율배반이 있을 수밖에 없는[260] 결론에 이르렀다고 한다(JA, 86). 도

---

[260] 이에 대한 반틸의 주장은 *The Defense of the Faith*, 1st edition (1962), 62에 나타나 있다. 나는 이 정보를 이 논문으로부터 인용하는 것이다.

예베르트는 반틸이 하나님의 존재에 대한 형이상학적 이해에 근거해서 성경도 해석했으므로 반틸의 생각에는 모든 점에서 합리주의적인 측면이 나타나고 있다고 한다. 이런 지나친 논리주의적 해석은 하나님의 의지의 주권적 자유의 여지를 남겨 두지 않는다고 비판하는 것이다(JA, 89).

이런 도예베르트의 비판은 스토커의 조심스러운 접근보다는 좀 더 강하고 심각한 논박을 하고 있는 것이라고 할 수 있다. 프레임은 이러한 도예베르트의 비판은 반틸의 문제점보다 도예베르트가 전(前)-이론적인 것과 이론적인 것을 지나치게 구별하는 데서 온 것이며, 도예베르트 자신의 성경관의 결함을 잘 드러내어 준다고 도리어 도예베르트를 비판하고 있다.261) 즉, "도예베르트의 성경관은 부적절하다. 그는 인간의 삶의 모든 측면에 미치는 성경의 권위를 인정하지 않는다"는 것이다. 구체적으로 말해서, "그는 성경의 중심적 메시지가 '개념적 내용(conceptual content)'을 가지고 있지 않다고 하며, 그런 메시지가 인간의 생각과 삶을 어떻게 다스리는지를 보여주지 못한다"는 것이다.262) 왜냐하면 도예베르트는 신학을

---

261) Frame, *Van Til,* 385, 146.
262) Frame, *Van Til,* 375-76. 또한 386도 보라. "최악으로는 그-도예베르트-가 삶의 모든 것이 하나님 말씀에 의해 통제되어야 한다는 개혁파의 근본적 확신을 위험스럽게 한다."

인간의 신앙적 양상에만 제한되는 것으로 보기 때문이다. 물론 그는 신앙과 다른 양상간의 중요한 상호 관계를 인정하므로, 성경을 "좁게 정의된 종교적" 영역에만 적용시키는 것은 아니다. 하지만 도예베르트가 과연 인간의 모든 삶이 하나님 말씀의 지배 아래 있어야 한다는 것을 아주 단순하고도 직선적으로 주장하는 카이퍼의 전통을 따르고 있는지, 프레임은 심각하게 묻고 있다.

도예베르트의 이런 강한 비판에 대해서 반틸 자신은 과연 어떻게 반응하는가? 반틸은 먼저 워필드적인 입장을 지닌 이들과 심지어 카이퍼주의자들까지 자신을 절대적 반립(the absolute antithesis)을 너무 강조하는 사람으로 비판하면서, 자신이 오히려 볼런호번(Vollenhoven)이나 도예베르트(Dooyeweerd)를 중심으로 하는 화란의 혁명적 그룹의 추종자로 간주되었다는 점을 이야기한다. 그러면서 그는 자신이 참으로 이 학파를 매우 존중하는 이(a great admirer)라고 언급하면서, 그의 반응을 시작한다(JA, 92). 그는 특히 자신이 기독교적 방법론의 필요성을 주장하는 볼런호번의 학문적 작업을 즐겨 받았으며, "사유의 성경적 언약적 틀이 논리의 지위와 기능에 대한 기독교적 견해를 포함한다는 자신의 견해를 발전시키는데 도움을 주었다"고 하면서, "볼런호번의 초기 작품에서 참으로 그리스도적 정향과 참으로 성경적인 인생관과 세계관을 보았다"고 말한다("Response to Robert D. Knudsen" in JA, 303). 또한 도예베르트는 고대와 현대의 내재주의적 철학을 전포괄적으로 검토하면서, 인간의 자율성을 지지하는 견해와 순수한 추상적 논리와 추상적 우연성을 지지하는 견해에 근거하면 모든 것이 혼돈에 빠지고 만다는 것을 잘 보여 주었다고 한다("Response to Robert D. Knudsen" in JA, 303). 이 그룹은 기독교적 이야기를 없애버릴 수 있는 '지성의 우위(the primacy of the intellect)'라는 희랍적 개념을 잘 비판하면서 개혁파 사상에서 이 점을 청산하는 큰 역할을 했다고 인정한다.263) 그는 이런 깊고 박식한 지식을 가진 이들이 그리스도께서 성경에서 우리에게 말씀하시는 이야기의 진리성이라는 전제에 근거하지 않으면 '논리'와 '사실'이 서로 지적인 관계를 가질 수 없다고 지적하는 것을 감사히 여기며 즐겼다고 한다(JA, 92-93.). 즉, 반틸은 도예베르트가 제시하는 '우주법 개념의 철학(the Philosophy of the Cosmonomic Idea)'에서 이 세상의 혼동으로부터의 유일한 탈출구는 그리스도를 중심으로 하는 성경 이야기의 진리성을 전제하는 것을 발견했다고 말한다.264) 이와 같이 반틸은 도예베르트의 사상을 존중하고 도예베르트를 위대한 기독교 사상가 중의 한 사람

---

263) Van Til, "Response to Dooyeweerd" in JA, 92.
264) Van Til, "Response to Robert D. Knudsen" in JA, 303

으로 여긴다.265)

그러나 결국 개혁파 변증학은 "불신자와 대화를 나눌 때도 처음부터 '성경에서 자기를 확언하시는 그리스도'의 권위를 전제하면서 모든 영역의 인간적 진술을 받아들여야만 한다고 말하지 않는다면, 그 방법론에서 참으로 선험적(transcendental) 이지 않다고 믿는다"라고 반틸은 단언한다(JA, 98). 그러면서 우리가 위에서 예상한 대로 반틸은 도예베르트가 그리스도를 먼저 전제하지 않더라도 이론적 사유의 본성에 대한 협동적 분석을 할 수 있으며, 또 그렇게 해야만 한다고 말하는 것으로 보인다고 지적한다.

반틸은 심지어 결국 도예베르트는 창조, 타락, 구속을 논의의 처음에 놓아, 이론적 사유와 경험의 구조를 분석할 수 있는 가능성의 전제로서 제시하지 않은 것으로 보인다고 비판한다(JA, 98-99.). 왜냐하면 도예베르트는 먼저 (1) 이론적 사유는 오직 시간적 세계 질서(the temporal world order)와 관련하여 작용할 뿐이라는 것을 보인 후에, (2) 둘째로 이렇게 시간적 세계 질서와 관련하여 작용할 뿐인 이론적 사유는 아르키메데스적 원리인 초시간적 자아(a supra-temporal self)를 필요로 한다는 점을 밝힌다. 그런 다음, (3) 우리가 이제까지 언

---

265) 이점에 대해서 자신과 반틸의 같은 견해를 잘 표현하는 Frame, *Van Til*, 372를 보라.

기를 추구하던 전체의 상(totality vision)에 이르러 "상대적인 모든 것을 절대적인 것과 연관시키면서, 그것을 (하나님이라고 부르든지 그렇지 않든지 간에) 기원(the Origin)의 개념(the idea of Origin)에" 이르게 되며,266) "선험적 비판의 세 번째요 마지막 단계"인 여기에 와서야 "성경적 근본 동기(biblical ground-motive)와 비성경적 근본 동기의 충돌이 취급될 수 있다"고 하기 때문이다.267) 반틸은 결국 도예베르트의 선험적 방법은 성경적 가르침의 내용이 근본적 결정적 의의를 가지지 않도록 배제한 것으로 평가하는 것이다(JA, 99). 사실 도예베르트는 이론적 사유를 가능하게 하는 조건들을 탐구하는 이른바 '선험적 비판(transcendental criticism)'을 할 때, 초월적 입장(transcendent position)을 전제하지 않은 탐구를 해야 하며 그런 탐구는 누구나 할 수 있다고 말한다. 아울러, 기독교 신학적 관점은 '선험적 비판'의 초기부터 도입되어서는 안 되며,268) 나아가 "학문적 의미에서 신학은 철학적 토대를 필요로 하고 그에 묶여 있다"라고 주장한다.269) 그는 이와 같은

---

266) Dooyeweerd, *In the Twilight of Western Thought* (Philadelphia: Presbyterian and Reformed Pub. Co., 1960), 52.
267) 도예베르트의 선험적 방법에 대한 이 요약은 주로 Van Til, "Response to Dooyeweerd" in JA, 108의 요약적 진술에 근거하여 제시한 것이다.
268) Dooyeweerd, *A New Critique of Theoretical Thought*, 1: 37; *In the Twilight of Western Thought*, 58.

철학적 작업이 먼저 있어야 함을 강조한다. 학문의 성격상 그렇다는 것이다. 그러나 반틸은 오히려 철학이 성경 주해와 신학에 의존해야 하지 않느냐고 반박한다. 그래서 반틸은 도예베르트가 성경 자체의 명백하고 문자적인 가르침을 떠나 일종의 지적 체계로서 기독교 철학을 수립하려고 시도하는 것을 비판하는 것이다.

그러나 반틸은 도예베르트가 진정으로 그렇게 하기를 원했다고는 생각하지 않는다고 한다(JA, 99). 반틸은 자신처럼 도예베르트도 "논의를 위해(for the argument's sake)" 논적의 입장에 서서 그의 입장이 결국 파멸적임을 드러내기 원했을 것이라는 반틸의 학생 그레이(Grey)의 생각이 옳았기를 간절히 원한다고 말한다(JA, 99). 프레임도 도예베르트가 비-그리스도인들과 더 나은 의사소통(communication)을 하고자 그의 전제를 조금 뒤로 놓은 경향이 보여진다고 말한다.[270] 한편, 반틸은 도예베르트가 『이론적 사유의 신비판』에서 "처음부터 철학이 참으로 비판적인 태도를 확보하려면 이론적 사유의 선험적 비판이 철학적 성찰의 처음에 와야만 한다"고 지적하는 것을 보면서,[271] 그렇게 되면 그는 이 점에서 기독교적 진

---

269) Dooyeweerd, *In the Twilight of Western Thought*, 130-31, 148, 152, 157.
270) Frame, *Van Til*, 386.

리를 도입하기를 원하지 않는 것이 아닌지를 묻는다(JA, 99). 왜냐하면 도예베르트는 참으로 선험적인 비판은 신앙 고백으로부터 시작하는 것이 아니라, "사유와 경험 자체의 이론적 태도의 내적 성질과 구조에 대한 탐구(an inquiry into the inner nature and structure of the theoretical attitude of thought and experience as such)"로부터 시작해야만 한다고 하기 때문이다. 반틸은 도예베르트가 그렇게 하지 않는 것은 비판적이지 않은(uncritical) 것으로 여기기 때문이라는 것을 잘 안다("Response to Robert D. Knudsen" in JA, 305). 그러나 반틸은, 그리스도인이라면 그것이 기독교적 이야기(창조-타락-구속)와 정합적으로 연관되지 않는 한 우리는 이론적 사유의 본성과 구조를 이해할 수 없다고 해야 하는 것이 아닌지 묻는 것이다(JA, 102). 그런데 기독교적 이야기를 전혀 언급하지 아니한 채, 처음부터 이론적 사유의 본성과 구조를 분석할 수 있다고 하는 것은 문제가 있다는 것이다. 그러므로 반틸은 도예베르트가 선험적 비판에서는 불신자가 기독교적 세계관을 전제하지 않고도 철학적 추론을 할 수 있다고 하는 것이 아닌지 문제를 제기하는 것이다. 그렇게 되면 결국 철학적 추론이

---

271) Dooyeweerd, *A New Critique of Theoretical Thought,* vol.1, 38. 처음부터 기독교적 입장을 전제하지 않고 "사유 자체의 이론적 태도"(the theoretical attitude of thought as such)를 분석하려고 한다는 것을 강조하는 이 책의 34-35도 보라.

초기에는 자율적인 것으로 나타나지 않느냐는 것이다.272)

물론 반틸은 도예베르트가 이론적 사유 자체를 분석할 수 있다고 보고, "그것이 기독교 이야기를 지향하고 있음을 보여준다"는 것을 드러내려고 한다는 것을 잘 안다. 그러나 반틸은 자연인의 구조가 이론적 사유의 구조를 있는 그대로 볼 수 있을지 의문을 제기한다(JA, 102). 오히려 그는 자연인이 그의 모든 이론적 사유에서 기독교적 이야기의 진리를 억누르고 있다는 것을 보여 주어야 한다고 주장한다. 그렇게 해야만 도예베르트 자신이 강조하듯이, 칼빈주의 철학자로서 그리스도의 십자가의 '걸려 넘어지게 하는 것(스캔들/스칸달론)'을 짊어지는 것이 아니냐는 것이다(JA, 102). 물론 반틸은 도예베르트가 결국 그의 작업을 통해서 "어떤 초월적 출발점이 없이는 그 어떤 철학적 사유도 가능하지 않다"는 것을,273) 그리고 그 초월적 출발점은 초시간적(supra-temporal)이라는 것을 보여 주려고 한다는 점을 잘 안다. 그러나 반틸은 먼저 이론적 사유 자체를 분석해야 한다는 도예베르트의 주장이 순전히 선험적인 방법을 예리하게 하는 일에서 과연 그 자신의 기독교적 확신에 참으로 충실한 것인지 묻고 있는 것이다(JA, 107).

---

272) 참고. CC, vol.2, sec. 3; *Herman Dooyeweerd and Reformed Apologetics* (Philadelphia: Westminster Theological Seminary, 1974).

273) Dooyeweerd, *A New Critique of Theoretical Thought*, vol.1, 22.

그러나 실제의 도예베르트는 도예베르트 자신의 선험적 비판 이론보다 더 성경에 충실하다는 것이 반틸의 분석이다. 그리스도인으로서 그리고 기독교 철학자로서, 도예베르트는 분명히 기독교적 이야기와 그 진리성을 믿고 있다(JA, 120f.). 그 뿐만 아니라 도예베르트는 사실 그의 선험적 비판의 첫 단계에서 창조된 질서에 대한 기독교적 관점을 도입하였고, 그의 비판의 둘째 단계에서 기독교 인간관을 도입했으며, 셋째 단계에서 기독교적 신관을 도입한 것이라고 반틸은 말한다(JA, 108-109). 반틸은 그리스도인인 도예베르트가 어떻게 그리하지 않을 수 있었겠느냐고 묻는다(JA, 109). 왜냐하면 그리스도인인 그도 처음부터 "그 어떤 분야에서 지적인 언급이 가능하려면 성경의 삼위일체 하나님께서 계시하신 기독교적 진리의 틀이 선험적 전제라고 확신하기" 때문이다(JA, 109). 그러므로 그리스도인인 도예베르트는 사실상 이론적 사유 자체의 구조에서 출발할 수 없다는 것이다. 왜냐하면 반틸은 "이론적 사유 자체의 자율(autonomy of theoretical thought)"이라는 것이 있을 수 없다고 보기 때문이다(JA, 109). 마찬가지로 반틸은 근원적 자료가 되는 소박한 경험(naive experience as a primary datum) 같은 것도 없다고 한다. 왜냐하면 반틸의 전제주의적-기독교적-사유에서는 "사람이 시간적 지평에서 만나는 모든 것들은 이미 하나님이 모두 해석해놓으신 것이기” 때문이다(JA, 109, 반틸 자신의 강조점). 반틸은 바로 그것이 "실제로 존재하는 사태(the state of affairs as it actually exists)"라고 한다(JA, 109). 바로 이런 점 때문에 반틸은 사람이 "이론적 사유 자체를 생각할 수 없다"라고 한다(JA, 109). 사람은 실상 칼빈이 말하는 바와 같이, 어디를 바라보든지 그의 창조주를 보기 때문에 결국 하나님이 생각하는 것을 보는 것이지, 그것과 상관없는 이론적 사유를 볼 수는 없다는 것이다. 마찬가지로 사람은 자신이 언약의 파괴자도 아니고 언약을 지키는 자도 아닌 상태로서의 소박한 경험(naive experience)을 할 수도 없다는 것이다(JA, 109). 그러므로 반틸은 도예베르트가 말하는 '이론적 사유', '시간적 세계 질서'나 '소박한 경험'은 기독교적 틀 안에서 이 용어들이 가진 의미를 말하는 것이라고 한다(JA, 109). 그러나 도예베르트가 선험적 방법을 설명하면서 이것들이 기독교적인 틀과 상관없이 사용되어야만(must) 한다고 주장한 것을 상기시키면서, 그의 이론보다 그의 실천이 더 나음을 지적하고 있다.

도예베르트는 기독교 철학자가 구체적인 성경의 본문이 아니라 '마음'에 전달된 창조-타락-구속이라는 전이론적 동기(pre-theoretical motive)의 '영적인 힘' 아래서 작업하기를 원한다. 그는 이렇게 말한다. "이 영적인 근본 동기는 모든 신학적 논쟁 위에 있으며 신학적 주해를 필요로 하지 않는 것이다. 왜냐하면 그 근본적 의미는 성령님과 교제하는 우리의 열려진 마음에 작용하시는 성령님께서 배타적으로 설명하시기 때문이다."274) 그러므로 이런 전이론적 동기 아래 있는 기독교 철학자는 특정 성경 본문에 근거하여 작업하는 것이 아니라는 것이다. "성경은 우리에게 철학적 개념들을 제공해 주는 것이 아니다"는 것이다(JA, 81).

이와 비슷하게 도예베르트는 그 자신의 사유 가운데에서는 기독교적 인간관을 암암리에 전제하면서도 초시간적 자아의 필요성을 논할 때는 기독교적 인간관을 아직 도입하지 말아야 한다고 주장한다. 반틸은 도예베르트의 이런 주장에서도 같은 문제가 드러나고 있다고 본다(JA, 109). 더 나아가서 반틸은 도예베르트가 기독교적 하나님을 생각하면서도 "하나님이라고 불릴 수도 있고 그렇지 않을 수도 있는 어떤 근본적 기원"을 말하는 것은 언약의 파괴자들과 언약 준수자들의 사유의 공동체(a community of thought)를 유지하는데 궁극적 전제가 되는 특성 없는 하나님(a featureless God)을 말하는 것이 아닌지에 대하여 다소 강하게 비판한다(JA, 109-110). 결국 반틸은 도예베르트가 자기 스스로 날카롭게 만든 선험적 방법으로 (그가 심정으로 믿고 있는) 기독교 이야기를

---

274) Dooyeweerd, *In the Twilight of Western Thought*, 146.

(의도하지 않게) 파괴하는 결과를 낸다고 비판하는 것이다 (JA, 121). 반틸은 이런 점에서 자신과 도예베르트의 차이가 근본적인(basic) 것이라고 말하기도 한다("Response to Robert D. Knudsen" in JA, 305). 왜냐하면 도예베르트는 창조를 언급하지 않고서도 '법 자체'를 말하는 것이 가능함을 시사하면서(JA, 305) 법이념의 철학(the philosophy of the idea of law)을 제시하고, 스토커나 반틸이 제안하는 '창조 이념의 철학(the philosophy of the creation idea)'이란 용어의 사용과 그런 접근법을 피하기 때문이다(JA, 304).

그러나 참으로 종교개혁적인 철학(reformational philosophy)은 처음부터 인간의 자율성 개념에 근거한 모든 것을 — 그것이 플라톤과 희랍인들의 고대적인 형태의 것이든지, 칸트와 칸트 이후주의자들의 현대적인 것이든지 — 다 도전해야만 한다고 반틸은 주문한다(JA, 111). 물론 반틸은 이 세상 철학자들 가운데서 도예베르트만큼 인간의 자율성을 가정하는 것이 모든 언급의 파괴(the destruction of prediction)를 가져온다는 것을 충분히 밝혀 준 이도 없다는 것을 인정한다(JA, 120). 그런데 반틸은 이런 도예베르트가 인간의 자율성을 가정하는 것을 파괴할 수 있는 적절한 근거를 제공해 주지 못했다고 본다(JA, 120). 왜냐하면 종교개혁적 철학은 이에서 더 나아가 처음부터 위로부터(from above) 시작해야 하기 때문이다(JA,

120). 즉, 우리는 칼빈을 따라서 사람과 우주의 진정한 사태 - 즉 하나님께서 해석하신 그 사태 -를 그대로 제시하는 방법을 따라야 한다고 주장한다(JA, 111). 도예베르트처럼 시간성으로부터 추론을 거쳐 자신들이 초시간적인 자아라는 것에 이르고, 그로부터 이 초시간적 자아들을 넘어서는 근원이 되시는 영원한 하나님을 필요로 한다는 식으로 나아가는 것이 아니라는 것이다. 반틸은 아담이 그렇게 해서 영원한 하나님에게로 추론해 간 것이 아니라, 오히려 "영원하신 삼위일체 창조자 하나님께서 그 주변의 우주와 그 자신 안의 모든 것들 가운데서 그에게 분명히 제시하셨다"는 것을 지적한다(JA, 111). 그러므로 그가 말하는 제한(restriction)에 근거해 보면, 도예베르트의 선험적 방법은 그 개념이나 그 결과에서도 충분히 종교개혁적이지 못하다고 비판한다(JA, 112, 반틸 자신의 강조점).

더 나아가서 반틸은 도예베르트가 세 번째 단계에서 비로소 성경적 근본 동기를 도입시키는 것이 과연 처음부터 그것을 도입시키는 것보다 과연 더 효과적인지에 대하여 의문을 제기한다. 도예베르트와 대화하는 내재주의적 사상가들은 둘째 단계까지 그를 따라 오다가도 세 번째 단계에서 성경적 하나님으로 나아가는 것에 동의하지 않을 수도 있지 않느냐는 것이다. 이제까지 '형식적-선험적(formal-transcendental)' 방식으로 논의하던 그가 그것에 '내용(content)'을 부가하려고 할 때에 그들이 과연 그에게 순응할 것인지에 대해 의문을 표시하는 것이다(JA, 114-15.).

그리하여 결국 반틸은 도예베르트가 그 나름의 방식대로 밑으로부터 작업하여 올라가는 방식을 취한 것에 반대하면서, 우리는 항상 위로부터 출발해야 할 것을 강하게 주장하는 것이다(JA, 120). 이런 의미에서 반틸의 용어를 사용해서 다시 반틸의 견해를 정리해본다면, 반틸은 도예베르트 안에 있는 '밑으로부터의 변증학'을 비판적으로 바라보면서 '위로부터의 변증학'을 유일한 개혁파적 변증학으로, 즉 유일한 성경적 변증학으로 제시하고 있다고 할 수 있다.

Ⅳ. 반틸에 대한 비판적 고려들

　많은 이들은 반틸의 작업과 관련하여 그가 주로 장로교 개혁파 출판사(Presbyterian and Reformed Publishing House)를 통해 저서를 출판한 점을 아쉽게 생각하고 있다. 그가 『새로운 현대주의 (New Modernism)』의 영국 판처럼[275] 옥스퍼드 대학교 출판부와 같은 주요 출판사를 통해 좀 더 많은 책들을 출판하였더라면 좋았을 것이라는 아쉬움을 표시한 것이다. 또한 그의 학술 논문들도 *Westminster Theological Journal*만이 아니라 좀 더 다양한 경로를 거쳐 학계에 발표함으로써 학계와 폭넓은 대화를 전개했어야 한다는 아쉬움을 이야기한다. 일반적으로 반틸은 - 몇 가지 예외를 제외하면 - 여러 학자들의 서평적 논의의 대상이 되는 것으로부터 좀 격리되어 있었다. 그

---

[275] Van Til, *The New Modernism* (Oxford: Oxford University Press, 1946).

때문에 자신의 사상을 더 치밀하게 표현하는데 제한을 받을 수 있었을 것이다. 이와 같은 고립은 결국 "폭넓은 신학과 교회에 영향을 미칠 수 있는 기회를 잃게 했다. 결국 그가 말한 것에 아주 관심을 가져야 할 사람들조차도 그를 신중하게 받아들이지 않고 있다."[276] 그럼에도 불구하고 그는 여러 종류의 학자들로부터 관심을 받아 왔으며, 오히려 그의 후계자들이 현대 학계에 미치는 영향보다 그가 그 당대에 미친 학문적 영향력이 더 크다고 할 수 있다.

때로는 그가 너무나 기독교 계시에 충실하려고 하며, 처음부터 기독교적 전제를 도입시키려고 하기 때문에 - 이것은 그에게 있어서 가장 중요한, 그야말로 사활이 걸린 문제였다! - 많은 이들은 그가 과연 변증하려는 마음을 가진 것인지, 철학적 사유의 의지가 있는 것인지,[277] 과연 효과적인 전달에 신경을 쓴 것인지,[278] 더 나아가서 그가 도대체 변증을 하고자

---

276) Frame, *Van Til*, 37.
277) 예를 들어서 크레이그는 "반틸은 그의 모든 통찰에도 불구하고 철학자가 아니었으며, 혼돈의 구름 가운데서 논의의 참된 형태를 파악하고 드러내는 일은 다른 이-즉, 알빈 플란팅가-에게 주어졌다"고 말할 정도이다(Craig, "A Classical Apologist's Response to Presuppositional Apologetics" in *Five Views on Apologetics*, ed. Steven B. Cowan (Grand Rapids: Zondervan, 2000), 235.
278) 참고. Kelly James Clark, "A Reformed Epistemologist's Response to the Presuppositional Apologetics" in *Five Views on Apologetics*, 259.

하는 것인지에 대해서 많은 의문들을 제기하였다.[279] 그래서 어떤 이는 반틸의 변증 방법을 "성경적 권위주의"라고 하면서 비판하기도 하며,[280] 더 강하게 비판하는 이들은 반틸을 아무 근거 없이 하나님을 믿으려하는 신앙지상주의자(fideist)로 몰기도 한다. 예를 들어, 증거주의적 변증(evidentialist apologetics)을 하는 클락 피녹(Clark Pinnock)은 반틸의 사상은 "종교에서 진리는 추론이나 증거에 의존하는 것이 아니라 궁극적으로 신앙에 근거한다는 견해인 신앙지상주의의 비난을 벗어나기 어렵다"라고 주장한다(JA, 421, 422-23도 보라). 그래서 반틸의 입장은 '형이상학적 주의주의(主意主義, metaphysical voluntarism)'라고 지칭되기도 했다(JA, 422). 반틸은 사람들로 하여금 먼저 생각해 보도록 하지 않고 그리스도인이 되도록 결단하도록 하는 것이므로, "그 결단은 주의주의적(主意主義的)이며 실존적 신앙의 비약"이라는 것이다(JA, 423). 또한 스프라울도 여러 번 반틸이 신앙지상주의를 가르친다고 주장했다.[281] 반틸은 증거와 이성에 근거하지 않고 성경을 믿을 것

---

[279] Kelly James Clark은 반틸을 좀더 이해할만하게 만든 프레임의 전제주의적 견해조차도 결국 변증을 불가능하게 만든다고 말하면서, 그 때문에 자신은 전제주의를 거부할 충분한 이유가 있다고 말 할 정도이다("A Reformed Epistemologist's Response to the Presuppositional Apologetics" in *Five Views on Apologetics*, 263).

[280] Gordon R. Lewis, *Testing Christianity's Truth Claims: Approaches to Christian Apologetics* (Chicago: Moody Press, 1976), 제5장.

을 요구하기 때문이라는 것이다. 노만 가이슬러도 반틸에게는 신앙지상주의적 장애물이 있다고 한다.282)

그러나 반틸은-우리가 여러 번 지적한 바와 같이-'바르게 이해된 증거'를 거부하는 것이 아니다. 반틸은 오히려 이 세상의 사실을 성경에 비추어 보고 이해하며 말해야만 한다고 말하는 것이다. 그리고 반틸 자신이 신앙지상주의를 반박하고 있다. 더구나 "간증이 아닌 논증이 논증이 못되는 것과 같이, 논증이 아닌 간증은 간증이 아니다"고 주장하는(*Why I Believe in God*, 16) 반틸 자신을, 신앙을 맹목적인 것이요 비합리적인 것이라고 여기면서 믿으려고 하는 신앙지상주의자라고 할 수는 없을 것이다.283) 오히려 반틸은 비기독교적 신앙이 맹목적인(blind) 것이고(DoS, 52, 참고. CGG, 184), "궁극적 비합리성(ultimate irrationality)"이라고 한다(IST, 13, 24=『개혁주의 신학 서론』, 31, 48). 왜냐하면 비기독교적 신앙은 이 세상을 있는 그대로, 즉 하나님의 피조물로 보지 않기 때

---

281) Sproul, "You Can't Tell a School by Its Name," *Christianity Today* 22 (November 4, 1977), 220: Sproul, John Gerstner and Arthur Lindsley, *Classical Apologetics*, 184-87, 307-309.

282) Geisler, *Christian Apologetics*, 56-58.

283) 이 점에 대한 좋은 논의로 Frame, *Van Til*, 179, 181, 300; Bahnsen, *Van Til's Apologetics*, 73-76을 보라. 반센은 오히려 증거주의적 고전적 변증가들을 반(半)-신앙지상주의자라고 논의하기도 한다(Bahnsen, *Van Til's Apologetics*, 75f.).

문이다. 그러나 기독교적 전제를 가진 이들은 "하나님께서 해석해 놓으신 사실들에(God-interpreted facts) 호소하는 것이다 (CTEvi, 57, 반틸 자신의 강조점). 따라서 기독교를 통하여 관찰할 때에야 비로소 모든 실재는 바른 것이 되고, 기독교적인 의미에서만 "본래부터 합리적인 것"으로 이해되는 것이다.[284] 그러므로 반틸은 "기독교 신앙의 주장은 합리적이고 사실에 부합한다"는 것을 강조한다(JA, 20). 그런 의미에서 반틸에게는 기독교 신앙은 맹목적 신앙(blind faith)이 아니다(CTK, 33). 오히려 반틸은 "기독교는 객관적으로 타당하고 사람이 가질 수 있는 유일하게 합리적인 입장"이라고 주장한다(CG, 82, 강조점을 덧붙인 것임).

그럼에도 불구하고 이런 반틸의 논의를 비판하는 이들도 있다. 예를 들어서, 아더 홈즈 교수의 부드러운 표현을 빌려 말한다면, 반틸의 변증과 논쟁적 작업은 그의 관심이고 그의 소명이며 신학교 교수로서는 그렇게 하는 것이 적절한 것이나 철학자들의 요구를 충족시킬 수는 없다고 한다. 즉, 대학의 철학 교수들은 변증적이고 신학적이기보다는 좀 더 건설적이고 철학적이며, 논쟁적이기보다는 분석적인 스타일로 글

---

[284] Van Til, "Nature and Scripture" in *The Infallible Word,* edited by Ned B. Stonehouse and Paul Woolley (Philadelphia: Presbyterian and Reformed, 1946), 277.

을 쓰고 작업하게 된다고 한다.[285] 그러나 반틸 자신은 자신과 같이 기독교적 전제를 처음부터 분명히 하면서 논의하는 것만이 참으로 기독교적인 변증이요, 참으로 기독교적 내용을 전달하는 가장 효과적인 방법이며, 참으로 기독교적 사유를 하는 것이라고 생각했다. 그는 이 점에 너무 충실한지도 모른다. 그래서 많은 이들은 그를 못 견뎌 한다. 그가 기독교 철학에 기여하는 바가 없다고 생각될 정도로 '성경이 가르치는 기독교'에 너무 충실하기 때문이다. 필자도 한동안 그가 제시하는 기독교는 우리에게 너무 친숙한 기독교여서 그로부터 배울 것이 없는 양 생각한 적이 있었다. 그러나 우리가 수많은 신학들과 기독교 사상들이 숲을 헤매고 있을 때, 그리하여 우리가 때로 길을 잃은 것 같은 상황 속에 빠져 있을 때, 그리하여 그 누군가 현대의 온갖 문제들과 철학적 문제들에 직면하면서도 성경의 계시에 가장 충실하게 성경적 기독교와 기독교적 사유의 특성을 조금도 손상시키지 않는 이가 있어서 우리의 길을 인도해 주었으면 좋겠다고 느낄 때, 바로 거기에

---

[285] Arthur F. Holmes, "Language, Logic and Faith" in *JA*, 428. 남아공의 기독교 철학자 스토커도 자신은 변증가인 반틸과는 관심이 좀 달라서 창조된 우주의 계시에 좀 더 관심을 기울이며 이를 분석하며 작업하는 일, 즉 철학적 지식론 구성의 일을 한다는 점을 여러 번 강조한다. 참고. Hendrik G. Stoker, "Reconnoitering the Theory of Knowledge of Prof. Dr. Cornelius Van Til" in *JA*, 25, 31, 46, 69.

그런 지난(至難)한 노력을 평생에 걸쳐 하던 이 기독교 변증가, 이 기독교 철학자, 이 기독교 사상가의 등불을 우리는 발견하게 된다고 여기게 되었다. 바로 여기에 반틸의 의미가 있다고 여겨진다. 그는-그 자신이 그리하였고, 또 그렇게 공언하였듯이-모든 것을 생각할 때 그 모든 대안들 가운데서 어떤 것이 "성경의 자증하시는 그리스도(the self-attesting Christ of Scripture)에게 가장 충실한가?" 하는 것을 판단의 근거로 삼는 것이다.[286]

물론 그의 사상 제시 방식에 문제가 있을 수도 있다. 때로 그는 철학적으로 별로 세련되어 보이지 않는다. 가장 철학적이어서 어렵다는 진술을 많이 듣는 반틸에게 어울려 보이지 않는 말이지만, 예를 들어, 그는 비기독교적 사상들을 배교적 사상(apostate thought)이라고 말하는 것을 서슴지 않는다 ("Response to Robert D. Knudsen" in JA, 299). 때로 그는 그를 많이 읽지 않은 이들에게는 이전의 철학적 용어들과 자신이 새롭게 부여하는 의미의 차이를 명확히 하여 말하지 않는 것처럼 보이기도 한다(반틸의 유비 개념에 대한 현대 기독교 철학자들의 반응을 생각해 보라). 때로 그는 그와 다른 사상을 지닌 이들에게 너무 강하게(too harsh) 말하는 지도 모른다.

---

[286] 참고. "Response by C. Van Til" to Arthur F. Holmes, in *Jerusalem and Athens*, 439.

물론 "성격상 온화하고 결코 불필요하게 어떤 논쟁을 자극하는 사람이 아닌" 사람이라고 평가되는,[287] 그리고 그 자신이 "모든 것을 은혜로 받은 것이니 …… 우리는 가장 겸손한 자가 되어야 한다"라고 말하는(CGG, 129) 반틸이 이렇게 할 때는 그 나름대로 아주 분명한 신학적 이유가 있음에 틀림이 없다. 그러나 어떤 점에서 보면, 어떤 사상가들에 대한 반틸의 비판은 "과거 사상가들에게 비합리적인 요구를 하는 것으로 보인다"라는 프레임의 평가가[288] 어느 정도는 옳다고 할 수 있을 정도다.

사실 우리는 반틸이 자신의 강한 신학적 입장을 유지하되 좀 더 유연한 논의와 태도를 가졌었더라면 하는 기대를 가지게 된다. 1940년대에 고든 클락(Gordon H. Clark)이 정통장로교회(O.P.C.)의 필라델피아 노회에서 목사 임직 청원을 했을 때 벌어진 사태 등을 생각하면, 특히 그런 아쉬운 마음이 크다.[289] 1944년 7월 7일에 필라델피아 노회에서는 클락의 시

---

287) 이는 White, 95에 나온 화이트의 평가이다.
288) Frame, *Van Til*, 399.
289) 이 진술을 하면서, 이는 반틸 자신이 매우 강조하고 있는 논의이기에 많이 주저했었는데, 그의 후계자인 프레임도 비슷한 평가를 내리고 있음을 발견했다. 참고. Frame, *The Doctrine of the Knowledge of God*, 40; idem, *Van Til*, 97-113, 146, 398. 특히 그 둘 모두 이제 '하늘(heaven)'에 있을 것이고 이제 화해하였을 것임을 지적하면서 이 논의를 마치는(Frame, *Van Til*, 113) 함의를 우리는 우리

취지를 받아들였으나, 반틸을 포함한 12명의 노회원들이 노회의 행위에 대한 반박문(Complaint)을 제출하면서 하나님의 불가해성 문제, 하나님의 지식과 인간의 지식의 관계 문제 등에 대한 클락의 신학적 입장을 문제시한 사건이 있었다.[290] 반틸의 입장과 클락의 입장이 다른 것은 분명하지만, 그렇다고 해서 그들이 같은 교단 안에 있게 되는 것을 그렇게 열심히 반박했어야만 했는가 하는 아쉬움이 있는 것이다. 이 문제와 관련해서는 오히려 서로 입장이 다르지만 같이 있을 수 있는 가능성도 있지 않았겠는가 하는 생각을 많은 이들과 같이 하게 된다. 이 문제와 관련하여, 그의 시대 이전에 기독교 개혁 교회 내에서 있었던 헤르만 훅세마(Herman Hoeksema)와 단호프(Danhof)에 대한 (1924년 칼라마주 대회의) 정죄 결정에 대해 양쪽에 모두 친구를 가지고 있던 반틸 자신이 기본적으로는 일반 은총을 강조하는 입장에 서면서도 이 논쟁에 대해서 느꼈다고 하는 안타까움이[291] 작용했었더라면 하는 마음을 갖게 되는 것이다. 어떤 의미에서는 훅세마와 CRC 교단의 공식적

의 모든 신학적, 개인적 논쟁에서 유념해야 할 것이다.
290) 프레임은 그 반박문에 반틸이 서명하였지만 그 스타일이 반틸의 스타일과 다르다는 이유에서 반틸이 쓴 것은 아니라고 말하고 있다. Frame, *Van Til*, 98, n.1. 이런 논의는 142-48에서도 나타난다. 반틸 자신은 이 반박문을 긍정적으로 인용하며 자신의 견해를 말하는 경우가 많다.
291) 이에 대해서는 Frame, *Van Til*, 216의 정보에 의존하여 하는 말이다.

입장의 차이보다는 반틸과 클락의 거리가 더 가깝다고 할 수 있지 않을까? 물론 한 교단의 정체성을 분명히 하며 신학적 입장을 철저히 하려는 그 의도는 높이 살 수 있다. 하지만 성경과 웨스트민스터 신앙고백서를 같이 믿는 한, 같은 교단 안에서 신학적 논의를 같이 할 수 있는 다양한 종류의 사람들이 있을 수 있는 가능성을 열어 놓는 것이 더 좋지 않았을까?

예를 들어, 프레임이 잘 지적하고 있듯이, 반틸은 실상 인간의 인격이 지정의로 명백하게 나눌 수 없으며 본질적으로는 그 모든 기능들이 상호 의존적이고 함께 기능하는 것이라고 하면서 인격의 통일성을 잘 인정하고 있다. 그러면서도 클락 등과의 논쟁할 때는 마치 인간이 가지고 있는 각각의 기능이 철저하게 구별될 수 있는 듯이 말하는 자기모순을 범하고 있는 것이다.[292]

그리고 반틸의 가장 아쉬운 부분은 그의 성경 주해, 그리고 그에 근거한 진술과 관련된 부분이다. 물론 그가 평생 존경하였고, 그의 사상을 자신의 신학과 변증학에 잘 반영해 보려고 한 게할더스 보스의 섬세한 주해적 신학이 어떤 점에서는 반틸의 작업 속에 잘 녹아 있다고 할 수 있다. 특히 아담의 창조된 뒤 타락 전 의식과 타락 후의 의식, 그리고 중생한 의식

---

292) Frame, *Van Til*, 147.

에 대한 논의에서 이것이 잘 나타난다. 그런 뜻에서 반틸이 보스의 가르침에 가장 충실한 부분은 바로 인간 의식이 거쳐 온 세 단계를 잘 제시하는 부분과 기독교 윤리를 제시하는 부분이라고 할 수 있다. 반틸의 기독교 윤리에서는 이 두 가지가 잘 조화되고 보스의 주해에 근거한 입장이 잘 진술되고 있다. 그럼에도 불구하고 보스의 섬세한 주해적 특성이 반틸의 다른 책과 논의들에서도 더 많이 반영되어 나타났었더라면 하는 기대와 아쉬움이 매우 크다. 이 점은 반틸 자신도 어느 정도 인정하면서 그가 좀 더 발전시켰더라면 하고 아쉬워하는 부분이기도 하다. 그는 그의 생이 마쳐질 즈음에 이렇게 말하였다. "겉보기에 나는 사람들에게 내가 먼저 사변적이요 철학적이고 그 후에야 성경적이라고 생각할 기연을 주었음이 분명하다 …… 간단히 말해서 나는 내가 이제까지 그래 왔던 것보다 좀 더 주해적이고 싶다. 이 점에 대한 나의 약점을 지적한 점에서 베르까우워 박사는 옳았다."[293] 이처럼 반틸 자신도 자신이 좀 더 주해에 충실하지 못한 것을 아쉬워했었다. (어쩌면 이런 일이 보스와 반틸을 모두 존중하며 작업하는 그의 후배 신학자들, 특히 리처드 개핀(Richard Gaffin, Jr.)에게

---

293) Van Til, *Toward a Reformed Apologetics* (Philadelphia: privately printed, 1972), 24, 27, Greg L. Bahnsen, *Van Til's Apologetics: Reading & Analysis* (Phillipsburg, NJ.: Presbyterian and Reformed Publishing, 1998), xviii, n.4에서 재인용, 강조점은 필자의 것임.

서 나타날 것을 기대해도 좋을 듯하다).

예를 들어, 반틸은 '엘로힘'(אֱלֹהִים)이라는 명칭이 복수형으로 나타난 것으로부터 하나님의 삼위일체 되심의 시사와 계시를 찾을 수 있다고 주장한다. 물론 그는 조심스럽게 말한다. "그것은 …… 후대의 계시에서 좀 더 온전히 계시될 삼위일체론을 지향하는 시사이다"(IST, 201=『개혁주의 신학 서론』, 333). 그러나 이미 반틸 이전의 조심스러운 개혁신학자들은 그런 식의 극단적 주장을 하지 말아야 한다고 지적한 적이 있기에, 반틸이 간단히 이를 언급하고 지나갈 때에 우리들은 아쉬운 마음을 가지게 되는 것이다. 예를 들어, 반틸의 선생님이었던 벌코프는 반틸과 같은 해석을 피하면서 "이 복수는 (하나님의) 능력의 충만함을 가리키는 강조의 복수로 여겨야 한다"라고 했었다.[294] 보스 등의 성경 신학적 사고에 익숙한 반틸이 어떻게 그렇게 단순하게 단언하는 듯이 말할 수 있을까가 안타까운 것이다.

또한 벌코프는 계시를 나누어 말할 때 계시의 내용을 따라 분류할 때는 일반 계시와 특별 계시를 나누어 표현하고, 계시 방식을 따라 분류할 때는 자연 계시와 초자연 계시로 나누어 설명한다. 그런데 그 이후에 등장한 반틸이 단순하게 일반 계

---

294) Louis Berkhof, *Systematic Theology* (Grand Rapids: Eerdmans, 1941), 48.

시와 자연 계시를 동일시하여 표현할 때,295) 그 신학적 불명료성에 대해 아쉬움을 가지게 되기도 한다.

또한 한 곳에서 반틸은 시간의 흐름에 따라서 일반 은총은 점점 축소되어(diminish) 최후의 심판 때에는 일반 은총이 없어지게 되고 하나님의 진노만이 전체를 차지하게 된다고 말한다(CGG, 83). 하지만, 이를 이렇게 커다란 틀로 제시하는 것이 옳은지 묻고 있는 프레임의 비판도 정당하다고 여겨진다.296) 왜냐하면 성경에 비추어 볼 때, 과연 이것이 명확히 그러하다고 단언하기 어려운 점도 많기 때문이다. 또한 하나님께서 과연 신자와 불신자의 구별화 과정(process of differentiation)을 정하셔서 이 세상이 점점 악해져 간다(CGG, 83)고 말하기도 어렵기 때문이다. 이와 같이 때로 반틸은 어떻게 보면 구체적인 경우에 한정하여 말할 수 있는 것을 조금 확대해서 전반적으로 일반화시켜 말하는 경향이 있다.

그러나 이 모든 것에도 불구하고 그가 가장 성경 계시에 충실한 사상과 그런 체계와 그런 체계에 대한 변증과 그런 변증 방법에 대한 깊은 논의를 우리에게 제시했다고 하는 점에서 우리는 항상 반틸에게 빚지고 있다고 할 수 있다. 모든 문

---

295) 이 점에 대한 같은 지적, 그러나 반틸에게 동의하는 언급으로 Frame, *Cornelius Van Til*, 115, n.1를 보라.

296) Frame, *Van Til*, 226-27.

제에 있어서 성경적 계시에 가장 충실한 입장을 드러내는 그런 태도야말로 현대와 포스트-모던(post-modern) 시대의 그리스도인들에게 필수적인 태도라고 할 수 있다.

V. 반틸의 영향력과 그의 후예들

반틸은 그의 시대에 우리가 위에서 언급한 바와 같은 철저한 개혁파적 태도를 가지고 신토마스주의자들인 자크 마르탱과 에티엔 질송의 사상,297) 칸트의 사상과 칸트 사상에 근거한 철학들과 신학들,298) 특히 신정통주의,299) 신 해석학,300) 틸리히의 신학,301) 사신 신학,302) 후기 하이데거의 철학,303)

---

297) 이에 대한 그의 논의와 비판으로 Van Til, RPMT 해당 부분을 보라.
298) 이에 대한 그의 논의와 비판으로 Van Til, RPMT 해당 부분을 보라.
299) Cf. NM; CB; and *The Confession of 1967* (Phillipsburg, NJ.: Presbyterian and Reformed, 1967).
300) Van Til, *The New Hermeneutic* (Phillipsburg, NJ.: Presbyterian and Reformed, 1974).
301) 이에 대한 그의 논의와 비판으로 Van Til, RPMT 해당 부분을 보라.
302) Van Til, *Is God Dead?* (Phillipsburg, NJ.: Presbyterian and Reformed, 1960).
303) Cf Van Til, *The Later Heidegger and Theology* (Philadelphia: Presbyterian and Reformed, 1964).

그리고 몰트만과 판넨베르크의 신학304) 등과 대화하며 성경적이고 개혁파적인 입장을 분명하게 드러내는 귀한 작업을 하였다.

그렇다면 그의 전제주의적 입장을 이어받는 이들은 이제 이런 성경적 개혁파적 입장에서 우리 시대의 문제들인 의료 윤리를 포함한 생명 신학과 관련된 문제, 개방된 신론(the open theism)의 문제, 종교다원주의의 문제, 새로운 십자가 신학의 문제, 이야기 신학의 문제, 문예적 해석과 관련된 문제, 여성신학, 인종신학, 지역신학 등 모든 종류의 해방 신학의 문제, 포스트모던 사상의 문제, 문화 전쟁의 문제들에 대한 모든 문제를 잘 알고 논박(informed dispute)하여, 그 논의의 결론뿐만이 아니라 그 논의의 태도나 방법에서도 성경적이고 개혁파적이도록 해야 할 것이다.

이제 그렇게 반틸적인 노력을 하는 이들을 언급하고 그들과 반틸과의 관계를 간략히 언급하며, 그들의 반틸적 작업의 공과를 간단히 논의해 보기로 하자.

반틸적 사역의 계승자들을 논할 때에 우리는 누구보다도 존 프레임(John M. Frame) 교수의 노력을 생각하지 않을 수 없다. 그는 프린스턴 대학교를 졸업하고(B.A) 웨스트민스터

---

304) Cf. Van Til, *The Great Debate Today* (1971).

신학교에서 반틸을 포함한 스승들의 지도 아래 신학사 학위를 받았다 (B.D). 예일 대학교에서 철학으로 두 개의 석사 학위를 받은 뒤(M.A & M.Phil), 웨스트민스터 신학교에서 반틸의 후임자가 되었다. 그러나 그는 공예배에서 현대 음악을 사용해

존 프레임(John Frame)

도 좋으냐를 둘러싸고305) 제기된 논쟁으로 말미암아 플로리다 주 올란도의 개혁신학교(Reformed Theological Seminary)로 옮겨갔다. 존 프레임은 웨스트민스터 신학교에서 반틸의 후계자다운 작업을 잘 해내었고, 또 지금도 어느 정도는 그리하고 있다고 할 수 있다. 그의 『의료 윤리』와 『다른 신은 없다』라는 책이 그런 작업의 일부라고 할 수 있다.306) 그는 자타가 공인하는 반틸주의자(Van Tillian)다. 그러나 그가 강조하듯이 그는 반틸의 입장을 그대로 따르기만 하는 것은 아니다. 프레임은 반틸의 사상, 특히 반틸의 삼위일체론에 근거해서 자신

---

305) 이 문제에 대한 프레임의 견해를 보려면 John M. Frame, *Contemporary Worship Music: A Biblical Defense* (Phillipsburg, NJ.: Presbyterian and Reformed, 1997)을 보라.

306) John M. Frame, *Medical Ethics: Principles, Persons, and Problems* (Phillipsburg, NJ.: Presbyterian and Reformed, 1994); idem, *No Other God: A Response to Open Theism* (Phillipsburg, NJ.: Presbyterian and Reformed, 2001).

의 이른바 '다관점주의(multi-perspectivalism)'를 발전시키고 있다. 그는 이것이 반틸에게서 온 것이지만 이 용어 자체가 반틸 자신의 용어가 아니며 자신이 좀 더 체계적으로 그의 생각을 이끌어 내고 있다고 하면서 이 '다관점주의'를 제시한다.307) 프레임은 "다관점주의는 성경적 교리들의 논리적 구조"라고 말한다.308) 그래서 프레임은 인간의 지성과 의지와 감정과 다른 기능들에 대한 논의를 할 때 이런 다관점주의적 입장에서 논의하며,309) 기독교 의료 윤리를 제시할 때도 이런 다관점주의의 입장에서 규범, 실존 상황을 다면적으로 고려하는 기독교 윤리를 제시하고 있다.310) 일면 반틸의 생각으로부터 체계적인 '다관점주의'를 이끌어내 발전시키고 있는 것은 반틸주의자들이 할 수 있는 좋은 신학적 기여라고 여겨진다. 그러나 때로는 너무나 분석적이고 체계적인 '다관점주의' 주장이 혹시 반틸 자신의 건전함을 후대가 오용하게 되는 것은 아닌지 하는 의혹도 제기 될 수 있다. 그러나 지금까지 프레임과 그의 제자들이 발전시키고 있는 '다관점주의'는 그 긍정적 측면을 상당히 잘 보여 주고 있다고 판단된다.

---

307) 이에 대한 좋은 논의로 Frame, *Van Til*, 170-75를 보라.
308) Frame, *Van Til*, 174: "Perspectivalism is the logical structure of biblical doctrines …"
309) Frame, *The Doctrine of the Knowledge of God*, 355-40.
310) Frame, *Medical Ethics*, chapter 1.

그런데 프레임의 변증학 책인 『하나님의 영광을 위한 변증학』[311] 자체와 프레임 자신의 변증에 대해서는 그것이 빈틸적 변증학을 좀 더 잘 제시하려는 시도라는 측면을 볼 수 있으면서도, 몇몇 측면에서는 과연 반틸이 이런 논의 방식을 온전히 다 시인할 것인지, 아니면 이것이 프레임 자신이 시사하는 반틸의 제한을 벗어버리는 시도인지[312] 물어야 할 것이다. 프레임 자신은 "반틸의 체계 가운데서 어떤 측면은 성경에 잘 근거하고 있지 않으므로 그런 것들은 그 어떤 손실 없이 잊혀질 수 있다"고 한다.[313] 물론 만일 그와 같이 어떤 이의 사상 가운데서 성경에 잘 근거하지 않은 측면이 있다면 그것은 반드시 버려져야 할 것이다. 반틸도 그것을 환영할 것이고, 모든 개혁신학자들이 그리할 것이다.

그러나 프레임이 반틸의 생각 가운데서 그렇게 버리려고 하는 것 가운데는 꼭 그렇게 보아야 하는가 하는 의심을 자아낼 수 있는 것도 있어 보인다. 예를 들어, 프레임은 반틸 자신을 소개하면서 반틸이 신존재에 대한 전통적 논증을 어느 정도는 사용하는 듯한 인상을 주고 있다.[314] 특히 그의 반틸 인

---

311) John M. Frame, *Apologetics to the Glory of God* (Phillipsburg, NJ.: Presbyterian and Reformed, 1994).
312) Frame, *Van Til*, 400.
313) Frame, *Van Til*, 398.
314) Frame, *Van Til*, 178f., 262f., 329, *passim*.

용 방식이 그러하다. 그러나 그가 인용하고 있는 반틸의 본문을 그 문맥에서 읽으면, 반틸은 오히려 전통적 논증들을 그대로 사용해서는 안 되며 그것을 기독교 유신론적 전제 위에서 유비적으로 이해할 때만 의미 있는 것으로 제시하고 있다(IST, 102-104=『개혁주의 신학 서론』, 173-75). 왜냐하면 - 프레임 자신이 잘 언급하고 있듯이 - 반틸은 "하나님을 전제하지 않으면 그 어떤 사실도 지적으로 제대로 이해될 수 없기 때문이다"라고 주장하기 때문이다.315) 바로 이런 의미에서 반틸은 "나는 유신논증을 부인하는 것이 아니라, 그것들을 성경의 교리들을 양보하고 절충하지 않는 방식으로 진술하도록 주장하는 것일 뿐이다"라고 말한 것이다(Defense, 197=『변증학』, 240). 즉, 성경의 하나님을 전제하고서라야 그 논증이 진정 의미를 지닌다는 것이다. 그래서 반틸은 칼빈의 『기독교 강요』 첫 구절을 생각하면서 "만일에 성경의 삼위일체 하나님의 존재와 그의 계시를 알지 않는다면 사람은 아무 것도 모른다는 말은 역사적으로 정식화된 논증들을 파괴하도록 의도된 것이다"라고 강하게 말한다(SCE, 99). 그러므로 반틸은 전통적 유신논증에서와 같이 모든 것을 내재주의적으로 제시하는 대신에 "오히려 우리는 하나님이 없이는 모든 설명이 헛되

---

315) 이는 IST, 14, 17에 근거한 프레임 자신의 진술이다(Frame, *Van Til*, 178).

다는 것을 보여주어야만 한다"라고 했다(Defense, 200=『변증학』, 243). 그래서 반틸은 다음과 같이 말하기도 했던 것이다:

> 그러므로 유신논증들은 결국 하나의 논증으로 환원된다. 즉, 성경의 하나님이요 궁극적 존재요 창조주요 우주의 통제자이신 이 하나님이 인간 경험의 토대(foundation)로서 전제되지 않는다면, 인간의 경험은 허공중에서 작용하는 것이라는 이 하나의 논증으로 환원되는 것이다. 이 한 가지 논증은 절대적으로 확실한 것이다(CGG, 192).

그러므로 반틸은 전통적인 유신논증을 허용하지 않고, 오히려 성경의 하나님을 전제로 하는 것을 출발점으로 삼으면서 논의하는 것이다.

그렇기 때문에 프레임이 반틸의 사상을 설명하는 경우나,[316] 특히 자신의 『하나님의 영광을 위한 변증학』에서 전통적 신 존재에 대한 논증을 좀 더 긍정적으로 사용하는 것에 대해서[317] 과연 반틸이 어떤 반응을 보일지 상당히 의아스럽다. 반틸은 "전통적인 방식으로 진술된 '신존재에 대한 논증'

---

316) Frame, *Van Til*, 178f., 262f., 266, 267, 329, 기타. 그는 심지어 "반틸과 아퀴나스 사이에는 반틸이 인정하는 것보다 더 큰 양의 동의가 있을 수 있다"고까지 말한다(Frame, *Van Til*, 267).

317) Frame, *Apologetics to the Glory of God*, 71, 85-86, 89-118.

은 쓸 데 없을 뿐만 아니라, 무익한 것보다 더 문제가 있다"라고 하면서 "그런 논증은 결국 유한한 하나님(a finite God)으로 인도하지 않는가"라고 묻지 않는가?(IST, 56=『개혁주의 신학 서론』, 99) 반틸은 "어쩌면 있을 수 있는 하나님"이나 "존재하실 가능성이 없을 가능성보다 더 높은 개연성이 높은 하나님"(probable God)은 기독교적인 하나님 개념에 부합하지 않음을 매우 강조한다. 더구나 반틸은 "기독교적 입장에 대한 유일한 증명은 그 진리성이 전제되지 않으면 도대체 그 어떤 것을 증명한다는 것이 결코 불가능하다"고("My Credo" in JA, 21) 하지 않았던가? 그런데도 프레임은 신존재 논증에서 개연성에 근거한 논의에 상당히 동의하면서 논의한다.[318] 그러나 프레임이 그렇게 신존재 증명을 긍정적으로 제시하고 소위 증거들을 제시하려는 것을 바라보면서 전통적 변증을 하는 이들은 오히려 프레임의 작업이 불충분하다며 문제를 제기하고 있다.[319] 또한 프레임은 중생하지 않는 사람이 하나님을 부인하는 자기 원칙에 충실하지 않게 하나님의 존재에 대한

---

318) 그 대표적인 예로 Frame, *Van Til*, 275-79; *The Doctrine of the Knowledge of God*, 134-36; 그리고 *Apologetics to the Glory of God*, 77-82, 86을 보라.

319) 예를 들어, Gary R. Habermas, "An Evidentialist's Response to the Presuppositional Apologetics" in Cowan, ed., *Five Views on Apologetics*, 240f, 247을 보라.

증거적 논증(the evidential argument)을 구성할 수 있고, 성령께서 그런 변증적 진술을 기연으로 하여 그런 사람을 중생시키실 수도 있다고 주장한다.320) 반틸은 프레임이 말하는 "중생하지 않는 이들이 구성하는 증거적 논증"이라는 개념에 대해 얼마나 아연하였을까?

프레임이 이렇게 전제주의 변증학을 유일한 개혁주의적 전략으로 제시하려는 반틸의 의도를 거의 전복시킬 정도로 자기 나름의 길로 나아가는 것은321) 아마도 그 자신이 반틸을 비판하고 있는 영역인 '죄의 인지적 영향'과 '중생의 인지적 영향'에 대하여 다른 견해를 갖고 있기 때문인 것으로 여겨진다. 프레임은 어느 정도 죄의 인지적 영향이 있음을 인정하나 그것을 반틸만큼 그렇게 명확히 인정하려고 하지 않는다. 그렇기 때문에 프레임은 반틸이 이 점에서는 너무 지나치다고 비판하는 것이다.322) 그래서 프레임은 "죄의 인지적 영향" em 등과 관련한 반틸의 입장을 비판적인 의도를 담아 '극단적 반립적 견해(extreme antithetical view)'라고 부른다.323) 그러면

---

320) Frame, *Van Til*, 200. 같은 책 207쪽도 보라.
321) 이런 평가는 반틸의 전제주의와 프레임의 전제주의의 차이를 말하면서 프레임의 전제주의에 "고전적 전제주의가 얼마나 남아 있을까?"를 심각하게 질문하는 Kelly James Clark의 논의에서도 나타나고 있다. 그의 "A Reformed Epistemologist's Response to the Presuppositional Apologetics" in *Five Views on Apologetics*, 255를 보라).
322) 이런 점에 대해서는 Frame, *Van Til*, 187-213을 보라.

서 반틸의 주장을 너무 극단적으로 소개하기를 이런 입장을 취하게 되면 "불신자는 그 누구도 참된 문장을 발언할 수도 없는 것처럼 보이게 되며," 또한 "신자와 불신자 사이에는 그 어떤 의사소통도 가능하지 않는 것처럼 된다"라고 말한다.[324] 또한 프레임은 반틸과 같이 극단적으로 논의하면, "불신자는 하는 말마다 문자적으로 오류를 범하는 것이라는 시사를 준다"라고 말하기까지 한다.[325] 그러므로 프레임은 "변증가는 이런 종류의 (극단적인) 표현을 피해야만 한다고 믿는다"라고 주장한다.[326] 그러나 실제로 반틸은 일반 은총의 작용을 생각하고 있기 때문에 그렇게 극단적으로 생각하거나 표현하지 않는다. 프레임은 반틸이 자신의 극단적 표현이 가져 올 문제를 어떤 순간에는 생각하고 있지만, 그의 표현 방식은 항상 그런 통찰의 수준을 반영하지는 않는다고 말한다.[327] 그러나 반틸의 의도는 신자와 불신자의 근본적 사유의 대립을 아주 분명히 하려는 것이었지, 불신자는 진리를 한 문장도 말할 수 없다고 하는 것은 아니었다. 실제로 프레임 자신이 인용하고

---

323) Frame, *Van Til*, 191, 192, 197, 238, 기타.
324) Frame, *Van Til*, 191.
325) Frame, *Van Til*, 207, 211.
326) Frame, *Van Til*, 197.
327) Frame, *Van Til*, 211.

있는 다음과 같은 반틸의 말이 이러한 반틸 자신의 의도를 잘 드러내지 않는가?

> 그러므로 실제의 상황은 언제나 진리와 오류가 혼합되어 있는 것이다. '세상에서 하나님 없이" 있으면서도 자연인은 하나님을 알고, 또한 그 자신에도 불구하고, 어느 정도는 하나님을 인정하는 것이다. 그들이 하나님의 형상으로 지어졌으므로, 또 그들 안에 있는 없앨 수 없는 신의식 덕분에, 그리고 하나님의 억제하시는 일반 은총 덕분에, 하나님을 미워하는 이들이 제한된 의미에서 하나님을 알고, 또 선을 행한다(IST, 27=『개혁주의 신학 서론』, 54).[328]

이를 보면 반틸은 인간이 하나님 형상으로 지어진 것과 인간 안에 있는 신의식, 그리고 일반 은총 때문에 하나님에 대한 모든 것을 전혀 가지지 않을 수는 없다는 것을 분명히 하고 있다. 그런데 그 누구보다도 반틸을 잘 알고 있는 프레임이 다른 곳에서는 "(반틸이 말하듯이) 불신자가 알아야만 하

---

328) Frame은 그의 *Van Til*, 191에서 이 구절을 인용하고 있다. 반틸의 책을 우리말로 번역한 이는 이에 대해서 "그러나 그 신지식은 참된 의미에서 온전한 것이 못되고, 그 선으로는 구원에 이르는 것이 못됨을 반틸은 분명히 한다"는 역주를 붙이고 있다(54, n.7). 우리말에서는 반틸의 "반립적" 의도가 반틸의 의도에 따라서 잘 강조되어서 나타나고 있다고 할 수 있을 것이다.

는데, 실제로는 모른다면, 그는 지식을 가지지 않은 것이 된다"라는 극단적 결론을 내리면서, 반틸을 일관성이 없다고 보면서 반틸의 견해를 수정해 보려고 한다.329) 또한 프레임은, 반틸의 설명을 따른다면, 일반 은총이 하는 기능이란 일반 계시를 은혜롭게 주신 것(God's gracious provision of revelation)에서만 나타날 뿐이라고, 그래서 결국 반틸은 일반 은총을 부인하는 것과 같은 결과를 나타낸다고 비판하고 있다.330) 일반 은총이 반틸 자신의 신학과 그가 말하는 개혁신학의 큰 강조점의 하나임을 생각할 때, 프레임의 이런 논의는 매우 지나친 것이다.331) 그 누구보다도 반틸을 잘 알 수 있는 프레임이 왜 이 문제에서는 반틸을 아주 심하게 오해할 만한 견해를 제시하면서 이런 태도와 비판적 논의를 하고 있는지 우리는 이해하기 힘들다.

또한 우리는 반틸의 어떤 강조점들을 좀 더 무디게 해 보려고 하는 프레임의 시도에도 의문을 제기할 수 있다. 예를 들어, 프레임은 우리의 궁극적 전제를 '예수님의 주님 되심(the Lordship of Jesus)'이라고 표현한다.332) 물론 구체적인 표

---

329) Frame, *Van Til*, 193.
330) Frame, *Van Til*, 193, 194.
331) 이와 비슷한 입장에서 프레임의 논의를 비판하는 Bahnsen, *Van Til's Apologetics*, 413, n.13과 n.14도 보라.
332) Frame, *Apologetics to the Glory of God*, 6.

현에서 그는 결국 "변증학 논의에서도 다른 것과 같이 우리가 하나님 말씀의 진리성을 전제해야 한다"라고 말한다.333) 그러나 이것도 반틸이 말하듯이 성경 가운데서 자증(自證)하시는 삼위일체 하나님이나 계시된 성경의 내용을 전제한다고 하는 편이 문제의 소지를 더 줄일 수 있는 것이 아닐까? 그러므로 이런 점들에 대해서는 과연 반틸적 변증 방법이 더 나은지, 아니면 프레임의 새로운 시도가 과연 더 나은 것인지 우리의 변증학 논의에서 더 논의되어야 할 것이다.

프레임의 반틸 비판 중에서 가장 심각한 문제를 언급하자면, 반틸이 아주 확실함을 가지고 논증할 것을 요구하지만 결국 그 자신의 논의를 비롯하여 이 세상의 모든 논의는 불완전하므로 실상 반틸은 모순을 범하고 있으며 결국 모든 논증은 개연적인 논증일 뿐이라는 프레임의 주장을 들 수 있다.334) 이런 주장은 실제적으로 비록 강조점은 조금 다른 것이기는 하지만 우리는 하나님을 개연성 있는 하나님으로 말하거나 그가 있을 개연성이 높다는 식으로 말해서는 안 된다는 반틸의 말에 정반대되는 주장을 하는 것이다. 프레임은 "인생에서 우리가 하는 많은 결정들은 결국은 개연적인 결론에 이르게

---

333) Frame, *Apologetics to the Glory of God*, 9.
334) Frame, *Van Til*, 277f. Cf. *Apologetics to the Glory of God*, 77-82, 86, 90.

하는 논증에 근거하여 이루어진다는 점에서 버틀러는 분명히 옳다"라고 말하면서, "불신자들에게 개연성만을 주장하는 논의를 제공하는 것이 잘못된 것이 아니다"라고 말하기도 한다.335) 반틸은 우리가 변증학적 논의를 할 때에도 성경의 하나님을 믿고 그 하나님을 믿으면서 진술해야 한다는 것을 강조하는 것이고, 프레임은 그리해도 우리의 논의가 논의인 한 항상 완벽하지는 않다는 점을 강조하는 것이다.336)

또한 한 곳에서 프레임은 마치 변증 작업의 결과 하나님을 전제하도록 만드는 것이 변증이 추구하는 목적인 것과 같은 진술을 하여 우리를 의아하게 만든다. 프레임의 다음 말을 들어 보라. "모든 변증적 만남은 (그것이 5분 걸리든지, 5시간 걸리는 것이든지 간에) 이 세상을 보편적으로 이해하고 설명하기 위해서는 하나님을 전제할 필요가 있다는 결론을 내리는 것으로 마쳐져야만 한다."337) 또 얼마 뒤에는 다음과 같이 말하기도 한다. "우리는 이 세상의 궁극적 원인은 성경의 하나님과 같은 속성들을 가져야만 한다는 것을 증명할 수 있다. 그럼으로써 우주 안의 모든 가지성(可知性, intelligibility)은

---

335) Frame, *Van Til*, 278, 279.
336) 이 차이를 염두에 두면서 반틸을 옹호하는 논의를 하는 Bahnsen, *Van Til's Apologetics*, 81-82, n.104도 참조하라.
337) Frame, *Van Til*, 317.

하나님으로부터 유래하는 것이라는 것을 확립할 수 있다."338) 이런 진술들은 마치 변증의 궁극적 결과가 하나님을 전제하도록 하는 것이라는 뜻으로 들린다. 그러나 반틸은 언제나 성경에서 자증하시는 하나님을 전제함으로써 논의를 시작하고 진행해야만 이 세상을 제대로 이해할 수도 있고 우리가 서로 논의할 수도 있다고 하는 것이 아닌가? 이 점에 대한 프레임의 의도가 진지한 것이라면, 이는 매우 심각한 문제를 일으키는 언급이라고 하지 않을 수 없다. 이는 반틸주의를 반틸이 비판하는 입장에 가깝게 만들 수 있기 때문이다. 반틸은 하나님을 전제하며 논증하라고 하는데, 프레임은 이 세상의 보편적 이해를 위해서는 하나님을 전제해야 한다는 것을 논증의 결과로 드러냄으로써 논증을 마쳐야 한다고 하기 때문이다. 그러나 아직까지는 프레임의 이와 같은 시정적(是正的) 시도보다는 반틸적인 실험을 좀 더 심각하게 시도할 필요가 있다고 생각된다. 왜냐하면 우리는 우리가 하나님의 계시를 받아들이면서 신학하는 한(限), 비록 완벽하지는 않지만 하나님과 그의 계획을 참되게 알 수 있고, 그렇게 논의할 수 있기 때문이다.

사실 프레임이 반틸로부터 직접 변증학 교수 자리를 물려받

---

338) Frame, *Van Til*, 317.

반틸과 누슨(Robert D. Knudsen)

았던 것은 아니다. 그러나 그 사상이나 그 활동이나 (우리가 위에서 언급한 차이와 비판, 그리고 그 자신이 말하는 대로 반틸의 후계자들 가운데서 자신이 "가장 반틸에게 비판적"인데도[339] 불구하고) 프레임이 그래도 반틸에게 가장 가까운 후계자로 언급될 만하다고 여겨진다. 반틸의 직접적인 후계자는 1947년에 웨스트민스터신학교를 졸업하고, 유니온 신학교에서 석사 학위(S.T.M, 1952)를 받은 뒤, 화란으로 가서 도예베르트 밑에서 공부하고(Ph.D, 1958), 수년 동안 웨스트민스터 신학교에서 반틸의 조교수로 가르쳤던 누슨(Robert D. Knudsen) 교수였다. 그러나 도예베르트와 반틸 사이에 수년 동안 상당한 논쟁이 있었을 때, 누슨은 그 중간에서 매우 애매한 위치에 있을 수밖에 없었다고 한다. 물론 도예베르트가 전통적 개혁파의 어떤 요소들에 대해 의심받을 때 누슨은 계속해서 정통적인 신앙 고백적 입장을 유지하고 강조했다. 그래서 그는 개혁파 신앙 고백서들을 '스콜라주의

---

[339] Frame, *Van Til*, 391.

적'이라고 하는 도예베르트의 공격에 찬동하지 않았고, 도예베르트 서클에서 가끔 나타나던 성경에 대한 좀 더 자유스러운 입장을 취하지 않았다. 그럼에도 불구하고, 그는 반틸보다는 도예베르트에게 동정적이었고, 반틸의 '합리주의적이고 스콜라주의적 경향'에 대한 도예베르트의 비판에 같이 섰었다. 그런 복잡한 관계 때문에 웨스트민스터 신학교의 교수들 사이에는 어색한 분위기가 있었으나, 반틸은 누슨이 웨스트민스터 신학교에서 계속 가르치는 것을 지지했다고 프레임은 밝히고 있다.340) 그러다가 누슨은 1995년 7월에 은퇴하였다.341)

반틸이 1972년 공식적인 가르침을 그만두었을 때, 변증학 서론 과목을 오랫동안 한국에서 선교사로 사역했던 간하배 (Harvie M. Conn) 교수가 가르치도록 했었다. 그에 대해서 프레임은 "현대 문화에 대해서 잘 알고 있었고, 학생들을 통해서 세상의 비그리스도인들에게 반틸의 강력한 변증을 전달하는 사명을 지닌 생기 있고 흥미로운 교사였다"라고 평가하고 있다.342) 그러다 간하배 교수는 선교학에 집중하기 위해 변증학 서론 과목을 존 프레임이 가르치도록 했다고 한다. 당시

---

340) Frame, *Van Til*, 390.
341) *Westminster Theological Journal*, vol. 58, No. 1 (Spring 1996)호가 그를 기념하는 Festschrift로 나왔고, 이 호의 11-21에 그의 저작 목록이 실렸다.
342) Frame, *Van Til*, 390.

간하배 (Harvie Conn)

존 머리의 은퇴 후에 노르만 셰퍼드(Norman Shepherd) 밑에서 조직신학을 가르치고 있던 존 프레임이 조직신학 분과에서 변증학 분과의 공식적 일원이 된 것이다(1975). 물론 그는 자신이 웨스트민스터에서 조직신학을 가르치기 시작할 때부터 반틸 교수의 요청에 따라 Th. M. 과정의 변증학 과목을 가르쳤었다고 한다. 프레임은 1975년부터 1980년까지 웨스트민스터에서 변증학과 조직신학을 가르치다, 1980년에 서부 웨스트민스터로 자리를 옮겼으며, 앞서 언급한 예배에서의 현대 음악 사용 문제에 대한 논쟁의 여파로 얼마 전에 리폼드 신학교로 옮겼다.

1980년에 프레임을 대신하여 필라델피아의 웨스트민스터 신학교에서 변증학을 가르친 사람은 에드먼드 클라우니 교수의 아들인 데이비드 클라우니(David W. Clowney) 교수였다. 그는 8년 동안 웨스트민스터 신학교에서 변증학을 가르치다가 성경은 여성 임직을 허용한다는 입장을 피력하여 결국 웨스트민스터를 떠나게 되었다. 1988년에 그를 대신한 이가 윌리엄 에드가(William Edgar) 교수다. 그는 한 때 쉐퍼와 같이 사역했던 경험을 가졌었고, 프랑스 개혁신학교에서 변증학 교수를 하다가 1988년에 데이비드 클라우니(David W. Clowney)를 대신하여 웨스트민스터의 변증학 교수가 되었다. 그가 한때 쉐퍼와 함께 사역했었다는 것이 웨스트민스터의 변증학 교수 임용에 장애가 되자, 그는 반틸과 쉐퍼를 비교하는 논문을 쓰게 된다. 그 논문에서 그는 반틸의 방법론을 옹호하면서도, 동시에 반틸이 현대 예술과 문화 일반에 대한 쉐퍼의 통찰을 충분히 인정하지 않은 것에 안타까움을 표현했다고 한다.[343] 현대 문화와 음악에 조예가 있는, 그리고 오늘날의 포스트-모던적 문화의 방향에 관심을 가지고 있는 에드가(William Edgar) 교수의 이후 활동이 어떻게 전개될지 관심을 갖게 된다.[344]

또한 언약신학교 조직신학 교수로 있다가 낙스 신학교에서 가르치고 근자에 은퇴하여 좋은 장로교 조직신학 개론을 써낸 로버트 레이몬드도 어느 정도는 반틸적인 접근에 근접하려고 한다.[345] 그러나 그 자신이 분명히 하듯이 그는 온전하

---

[343] 나는 이 논문은 보지 못하였고 이 미출판 논문에 대한 Frame, *Van Til*, 391의 정보를 활용해서 하는 말이다.

[344] Cf. William Edgar, "No News Is Good News: Modernity, the Postmodern, and Apologetics", *Westminster Theological Journal*, vol. 57 (1995): 359-82; "Without Apology: Why I Am a Presup-positionalist", *Westminster Theological Journal*, vol. 58, no. 1 (Spring 1996): 17-27.

[345] Cf. Robert L. Reymond, *The Justification of Knowledge: An Introductory*

좌 - 윌리엄 에드가
(William Edgar)
우 - 로버트 레이몬드
(Robert L. Reymond)

게 반틸을 다 좇기보다는 기독교 합리주의자들과 반틸의 입장 가운데 서되 좀 더 반틸에게 가까운 위치에서, 그러나 반틸에 다 동의하지는 않으면서 작업해 왔다고 할 수 있다. 그가 반틸의 유비론에 대해 느끼는 문제점은 하나님의 지식과 사람의 지식이 그 내용상 그 어떤 점에서도 동일하지 않다는 점에 대한 것이다.[346] 그러나 이 점에서 그는 반틸이 강조하는 하나님 지식의 전포괄성과 그와 대비되는 인간 지식의 유한성과 더불어, 그 둘의 관계를 일의적으로(univocally) 이해하는 것을 피해 보려는 반틸의 노력을 충분히 이해하지 못했다고 여겨진다.

Study in Christian Apologetic Methodology (Phillipsburg, NJ.: Presbyterian and Reformed, 1979), 이승구 역, 『개혁주의 변증학』(기독교문서선교회, 1989); idem, *A New Systematic Theology of the Christian Faith* (Nashville, Tennessee: Thomas Nelson Publishers, 1998). 이에 대한 긴 서평 논문으로 이승구, "20세기 말 상황 속의 정통파 장로교 신학자 로버트 레이몬드의 신학 연구", 『국제신학』 3 (2001)을 보라.

346) Reymond, *The Justification of Knowledge*, 98-105 = 『개혁주의 변증학』, 132-40.

반틸의 전제주의적 변증을 이어 받으면서 발전시키는 또 다른 논의로 현재 웨스트민스터의 변증학 교수로 있는 스코트 올리핀트의 노력도 주목하여 볼만하다. 그러나 그는 아직 이에 대한 깊은 저작을 내어놓고 있지 않다.347) 그는 초기에 반틸이 사용하던 용어

스코트 올리핀트(Scott Oliphint)

인 '함의의 방법(the method of implication)'이나 그와 동일시 하던 '선험적 방법"(transcendental method)'(SCE, 6-10, 201-202)이 후기에 그가 자주 사용하는 용어인 '전제에 근거한 추론(reasoning by presupposition)' (Defense, 99=『변증학』, 130) 과 별 차이가 없는 것임을 강조하면서 반틸의 방법론의 일관

---

347) Cf. K. Scott Oliphint, "Jerusalem and Athens Revisited", *Westminster Theological Journal* (Spring 1987). 그리고 웨스트민스터의 변증학 강의 보조 교재로 사용되는 그의 팜플렛으로 다음을 참조하라: *The Consistency of Van Til's Methodology* (Scarsdale, NY.: Westminster Discount Bookservice, n. d.)(이는 원래 "The Consistency of Van Til's Methodology", *Westminster Theological Journal* (Spring, 1990)에 개재된 논문이었다); *Van Til and the Reformation of Apologetics* (Scarsdale, NY.: Westminster Discount Bookservice, n. d.)(이도 "Cornelius Van Til and the Reformation of Christian Apologetics" in B. J. Van der Walt ed., *Die Idee van Reformasie: Gister en Vandag* [Potchefstroomse Universiteit vir Christelike Hoer Onderwys, 1991]에 게재된 논문이었다).

프란시스 쉐퍼(Francis Schaeffer)

성을 강조했다.348)

또한 1936/37년에 반틸에게 배우다가 페이스 신학교(Faith Theological Seminary)로 옮겨간 뒤, 라브리의 창설자가 되어 많은 이들에게 큰 영향을 미친 프란시스 쉐퍼(Francis Schaeffer)도 어느 정도는 전제주의적인 입장에서 변증을 했다고 할 수 있다. 그러나 그의 변증 방법과 반틸의 전제주의가 어디까지 같이 가며, 어디서 다른가 하는 것은 좋은 논의의 주제가 될 수 있는 문제이다. 쉐퍼 자신은 자신이 전통적 변증, 특히 버스웰과 반틸을 연결하는 위치에 있다고 보았다고 한다.349) 반틸 자신은 쉐퍼의 작업이 충분히 자신의 방법과 일치하지 않는다고 생각했다. 특히 쉐퍼가 기독교 신앙을 불신자의 지식에 무엇을 더하는 보충물로 제시하는 듯이 보이는 것, 증거들과 논리적 검증이 처음부터 성경

---

348) Oliphint, *The Consistency of Van Til's Methodology*. 그런데 그와 같이 공부한 분들의 말에 의하면, 그에게서 반틸과 같은 인격성을 찾아보기 힘들다고 하는 말도 들리고 있어서 안타깝다. 또한 프레임은 반틸의 계승자들을 언급하면서 올리핀트를 직접적인 계승자로도, 또한 다른 반틸주의자들의 목록에도 언급하고 있지 않다.

349) Cf. Frame, *Van Til*, 395.

적 근거에 근거함을 선언하지 않은 채 다소 중립적으로 증거들과 논리적 검증을 사용한 점, 특히 쉐퍼가 현대인들의 인식론에 대해서는 날카롭게 비판하면서 고대 희랍인들의 인식론을 다소 호의적으로 제시한 것에 대해서 비판하면서 심지어 그가 전통적인 변증 방법을 사용했다고 하였다고 비판한다.[350] 사실 쉐퍼는 비기독교적 철학과 세계관이 반틸이 강조하는 것처럼 기독교적인 것에서 떨어져 있으므로 실제로는 가지적이지(intelligible) 않다고 말하기보다는, 그저 불완전한 것이라고 보았다. 그렇게 주장하는 것까지는 그런 대로 좋으나("반은 가지고 있다") 초자연적인 것을 배제한 점에서("다른 반을 배제했다"는 점에서) 문제가 있다는 것이다.[351] 또한 헤겔 이후의 서구 사상은 고대 희랍적 이상을 버리고 '참된 진리'를 발견하기를 포기한 채 "이성으로부터 도피하였다"고 주장하는 쉐퍼[352] 보다는 고대 희랍 사상이 기본적으로 합리주의적이지만 그 안에도 인간의 자율성에 근거한 비합리주의적인 요소가 있음을 잘 의식하고 표현한 반틸이[353] 쉐퍼의 단

---

[350] 이와 같이 진술하는 이유는 반틸이 쉐퍼에 대한 자신의 글을 출판하지 않았기 때문이다. 위의 진술은 이 반틸의 미출판 논문에 대한 프레임의 보고를 중심으로 쓴 것이다. Cf. Frame, *Van Til*, 395f.
[351] Francis Schaeffer, *Death in the City* (Chicago: IVP, 1969), 130-31.
[352] Francis Schaeffer, *The God Who Is There* (Downers Grove, Ill.: IVP, 1968), 1-29.

순한 이해와 진술보다 훨씬 더 정교하고 정확한 것이라고 할 수 있다.[354]

더구나 쉐퍼는 성경 진리의 교의적 진술을 먼저 제시하기보다, 일단 외적인 세계에 대한 진리와 사람이 과연 누구인가에 대한 진리를 말한 후에야 ― 즉, 이성의 준비적 작업이 있은 후에야 ― 성경이 그것을 상실한 상태와 그에 대한 대답을 보여 준다고 보며, "이것이 20세기 후반의 변증학의 바른 순서"라고 말한다.[355] 그러므로 처음부터 기독교적 관점을 분명히 할 것을 요구하는 반틸의 방법과 상당히 다른 점이 쉐퍼의 변증에 나타나고 있다. 그러나 또한 프레임이 잘 지적하고 있는 대로, (1) 쉐퍼가 '하나와 여럿의 문제'를 해결하기 위해 삼위일체를 사용하는 것은 명확히 반틸로부터 나온 것이며, (2) 쉐퍼의 변증은 버틀러나 카넬의 경우보다는 좀 더 선험적이고, (3) 쉐퍼가 성경의 하나님을 믿지 않으면 합리성, 도덕적 기준 또는 미적 가치가 있을 수 있는 근거가 없게 된다는 것을 논의하고 있다는 점을 본다면, 쉐퍼 사상은 어떤 점에서는 전통적 변증학자들보다는 반틸에게 더 가까운 것이다.[356] 그러므

---

353) 반틸이 사용하는 '합리주의적'이라는 말과 '비합리주의적'이라는 말의 독특한 의미에 대한 명확한 논의로 이승구, "반틸의 합리성", 특히 223-25, 33-39를 보라.

354) 이런 평가와 견해를 같이 하는 Frame, *Van Til*, 237을 보라.

355) Schaeffer, *The God Who is There*, 129.

로 반틸과 쉐퍼의 비교 문제는 변증학에서 앞으로 좋은 논의의 주제가 될 수 있을 것이다.

그리고 반틸의 사상과 연관된 것으로서 반틸을 존중하면서도 그 전체적 맥락에서는 강조점이 반틸과는 조금 다르다고 할 수 있는 신율주의자(theonomist)들의 작품도 언급할 수 있다.357) 이 운동의 창시자라고 할 수 있는 러쉬두니(Rousas J. Rushdoony)는 반틸 사상을 강해하는 『무슨 기준으로? By What Standard?』를 그의 첫 저작으로 내었다.358) 이 책은 반틸의 입장을 잘 요약한 책이라고 할 수 있다. 그러나 후에 러쉬두니는 신구약의 연속성을 너무 강하게 주장하면서, 모세 율법의 시민법적 규정들이 오늘날에도 지켜져야 한다고 주장한다. 예를 들어서, 간음한 사람이나 동성연애자들은 사형에 처해야 한다는 것이다. 이 그룹의 가장 뛰어난 변증가는 기독교 학문 연구를 위한 남캘리포니아 센터의 소장으로 있는 그

---

356) Frame, *Van Til*, 396.
357) Rousas J. Rushdoony와 Greg Bahnsen, 그리고 Gary North을 중심으로 하는 소위 칼세돈 그룹, 또는 기독교 재건주의(Christian reconstruction)의 활동이 주목할 만하다. 내가 판단하기에 특히 신율주의적 특성을 그렇게 많이 나타내지 않으면서 가장 반틸적인 공헌을 남긴 책으로는 *Foundations of Christian Scholarship: Essays in the Van Til Perspective*, ed. Gary North (Valecito, CA: Ross House Books, 1979)을 들 수 있다고 본다.
358) Rousas J. Rushdoony, *By What Standard?* (Philadelphia: Presbyterian and Reformed, 1958).

레그 반센(Greg L. Bahnsen)이다. 그는 신학부(M.Div) 과정과 Th.M을 반틸과 같이 공부한 후, 남캘리포니아 대학교의 달라스 윌라드 밑에서 박사학위를 받았다. 프레임의 평가를 따라 말하자면, 그는 "모든 변증가 중에서 가장 뛰어난 변론가"인 사람이다. 그러나 이들이 어떤 점에

그레그 반센
(Greg L. Bahnsen, 1948-1995)

서 반틸과 같이 하고, 어떤 점에서 반틸과 입장이 다른지는 심각한 논의의 문제가 된다고 할 수 있다.359)

가장 논란이 될 수 있는 점은 반틸의 유비적 인식론에 대한 반센의 이해이다. 반틸은 "사람은 하나님께서 그 정신에 가지고 계신 것과 같은 내용을 가질 수 없다"고, 즉 그 "내용상의 동일성"이 없다고 말한다(IST, 165=『개혁주의 신학 서론』, 274). 반센은 이것을 소개하고 설명하면서 반틸이 말하는 '사상 내용(content)'은 지식, 진리, 진리 이론, 의미 또는 의미 이론이 아니라, "정신이 무엇을 아는 적극적 경험"이라고 독특하게 해석한다.360) 이런 해석은 오히려 하나님의 지식

---

359) 그들에 대한 개혁파 입장에서의 비판을 위해서는 W. Barker and W. Robert Godfrey eds., *Theonomy: A Reformed Critique* (Grand Rapids: Zondervan, 1990), 특히 반틸과의 비교를 위해서는 Frame, *Van Til*, 391-94를 보라.

과 인간의 지식 사이의 일의성(一義性)을 피해 보려는 반틸의 힘든 시도를 무색케 하고 있다고 여겨진다. 반틸은 "그 준거점-즉, 하나님 자신-은 같으나 그 내용은 꼭 같지는 않은 것이다"(IST, 184=『개혁주의 신학 서론』, 303)고 말하기까지 하였음을 잊어서는 안 된다. 반센은 하나님의 지식과 우리의 지식이 그 주체와 아는 행위에서는 다르나, 그 대상-객체-와 지식에 대한 주장이 판단되는 기준에서는 동일하다고 한다.361) 인식 객체나 대상의 동일성을 지적해 보려는 노력은 좋으나, 그 대상을 인식이 파악한 것과 하나님께서 파악한 것의 차이를 좀 더 유의해야 한다고 여겨진다. 물론 그도 하나님의 생각이 "개념적으로 더 적절하다(conceptually adequate)", 그리고 "더 통찰력 있다"고 말하기도 한다.362) 그러나 그는 그 내용의 동일성에 상당한 집착을 나타낸다. 더 나아가서, 그 기준을 말하는 점에서는 하나님의 원형 되심을 좀 더 강조해야 오해가 없었으리라고 판단된다. 그러므로 반센은 하나님의 지식과 우리의 지식의 관계가 다의적(多義的, equivocal)이지 않으면서 일의적(一義的, univocal)이지도 않은 유비(類比, analogy)적 관계에 있다는 반틸의 강조를 더 분명히 했어야

---

360) Bahnsen, *Van Til's Apologetics*, 227, n.152.
361) Bahnsen, *Van Til's Apologetics*, 232.
362) Bahnsen, *Van Til's Apologetics*, 233, 234.

했을 것이다.

반센을 포함한 신율주의자들과 반틸과의 보다 근본적인 차이를 좀 더 생각해 보기로 하자. 기본적으로 반틸은 무천년주의적 경향을 가지고 있는 데 비해서, 신율주의자들은 후천년주의적 경향을 가지고 있다. 신율주의자 중 대표자의 한 사람인 게리 노스(Gary North)는 반틸의 무천년주의적 입장과 이 세상이 점점 악해져 간다는 주장은 반틸이 강조하는 일반 은총과 모순된다고 하면서 반틸은 암암리에 모순을 범하는 것이라고 비판한다.363) 반틸에게 가장 가깝게 간다고 하면서도 일반 은총에 대한 이해에서는 반틸과는 달리 하나님께서는 유기된 자들에게 '애호'를 보이지 않으신다고 주장한다. 오히려 하나님께서는 그들을 역사 전체를 통해서 "그 어떤 절충이나 변화의 기미도 보이지 않고" 절대적인 미움을 가지고 미워하신다고 말한다.364) 성경은 중생하지 않은 자들에게도 예외 없이 지식의 선한 은사를 포함한 하나님의 은사들(gifts)이 있다고 하지만 "그것들이 하나님의 애호(favor)를 함의하는 것은 아니다"라고 말한다.365) 불택자들에게 주어지는 하나님의 은

---

363) Gary North, *Dominion and Common Grace* (Tyler, Tex.: Institute for Christian Economics, 1987), 85-87.
364) North, *Dominion and Common Grace*, 18.
365) North, *Dominion and Common Grace*, 20.

사들은 택자들에게 주어지는 애호들의 넘침일 따름이고, "개들이 먹을 수 있도록 주인의 상에서 떨어진 부스러기들"이라고 하는 것이다.366) 가장 충실한 반틸리안이라고 하는 그가 왜 이 문제에서는 오히려 혹세마나 단호프의 입장과 표현에 좀 더 가까운 입장을 표하는지, 그들을 어느 정도는 비판하는 반틸의 『일반 은총론』(Common Grace)이 반틸이 쓴 글 가운데 가장 나쁘고 혼동스러운 책이라고 하는지367) 의아할 정도이다. 또한 게리 노스는 웨스트민스터 신학교가 반틸의 유산을 버렸다고 생각하며 비판한다.368)

그밖에 소위 반틸리안들 가운데서369) 가능성 있는 이들의 추후 작품 활동이 활발하지 않은 것이 우리를 안타깝게 한다.370)

---

366) North, *Dominion and Common Grace*, 6. 이는 James Jordan을 인용하면서 하는 말이다.
367) North, *Dominion and Common Grace*, 9.
368) Gary North, *Westminster Confession: The Abandonment of Van Til's Legacy* (Tyler, Tex.: Institute for Christian Economics, 1991).
369) 위에 언급한 사람들 외에 반틸적인 방법으로 변증학을 가르치는 이들로서 프레임이 언급하는 이들은 다음과 같은 이들이 있다. Hendrik Krabbendam (Covenant College and Greenville Presbyterian Theological Seminary), William Dennison (Covenant College) Richard Pratt (Reformed, Orlando, Florida). 세대주의자로서 반틸적인 변증학을 가르치는 분들: John C. Whitecomb (Grace), Stephen Spencer (Dallas). Cf. Frame, *Van Til*, 394f.
370) 앞서 언급한 John M. Frame 외에 다음 저자와 작품들을 언급할 수 있을 것이다: Jim Halsey, *For a Time Such as This* (Phillipsburg, NJ.: Presbyterian and Reformed, 1976); William White, *Van Til:*

물론 변증학 외의 다른 분야에서는 반틸이 카이퍼로부터 물려받아 강조해 온 반립(Antithesis) 사상에 충실하게 작업하는 제이 애덤스(Jay Adams)의 '권면적 상담(the nouthetic counseling)' 이론, 반틸의 '다양한-관점주의(multi-perspectivalism)'를 강조하여 신학을 풍요하게 해 보려는 프레임과371) 어떤 의미에서는 반틸보다는 프레임의 영향을 더 받았다고 할 수 있는 베른 포이뜨리스의 작업 등이 언급될 수 있을 것이다.372) 웨스트민스터 신학교 교수도 아니고 웨스트민스터 출신도 아니고 성경신학을 하면서도 반틸과 그의 선생님인 보스의 사상에 충실하면서 성경 전체를 개혁파 성경신학적으로 충실하게 해석하고, 성경 전체를 기독교의 성경을 잘 설교하도록 돕는 작업을 하는

Defender of the Faith (Nashville: Thomas Nelson, 1979); Richard Pratt, *Every Thought Captive* (Phillipsburg, NJ.: Presbyterian and Reformed, 1979); Thom Notaro, *Van Til and the Use of Evidence* (Phillipsburg, NJ.: Presbyterian and Reformed, 1980); William Dennison, *Paul's Two-Age Construction and Apologetics* (Lanham, Md.; University Press of America, 1985).

371) Cf. Frame, *The Doctrine of the Knowledge of God* (Phillipsburg, NJ.: Presbyterian and Reformed, 1987); idem, *Perspectives on the Word of God: An Introduction to Christian Ethics* (Phillipsburg, NJ.: Presbyterian and Reformed, 1990).

372) 그의 여러 작품들, 특히 *Philosophy, Science, and the Sovereignty of God* (Phillipsburg, NJ.: Presbyterian and Reformed, 1976), 특히, 151-59; *Symphonic Theology* (Phillipsburg, NJ.: Presbyterian and Reformed, 1987)를 보라.

좌 - 제이 아담스
(Jay E. Adams)
우 - 베른 포이뜨리스
(Vern S. Poythress)

사람으로 호주에 무어 신학교(Moore College)에서 성경신학을 가르치고 그런 토대를 잘 놓은 그레엄 골즈위디(Graeham Goldsworthy)를 언급할 수 있다. 그는 반틸이 말하는 "기독교 유신론"의 의미에 매우 충실하면서, 반틸이 제시한 가장 개혁파적인 신학에 충실하려고 하면서 보스의 개혁파적인 성경신학을 진전시키고, 그런 이해에 근거한 개혁파적 설교를 유도하는 일에 앞장 서고 있다.373)

우리나라 사람들 가운데서는 그래도 상당히 많은 분들이 반틸에게서 직접 수업을 받았지만374) 반틸적 주제를 가장 강

---

373) 골즈위디의 이런 입장이 가장 잘 표현된 저서로 그의 *Preaching the Whole Bible as Christian Scripture: The Application of Biblical Theology to Expository Preaching* (Grand Rapids: Eerdmans, 2000), 김재영 옮김,『성경신학적 설교 어떻게 할 것인가』(성서유니온, 2002)를 들 수 있다. 특히 반틸의 영향에 대해서는 21쪽, 각주 6, 40쪽 각주 1, 189-90쪽, 보스의 영향에 대해서는 특히 53-54쪽, 113-15쪽, 122-30쪽, 그리고 클라우니의 영향에 대해서는 25-26쪽, 130-31쪽 등을 보라.

조한 이는 역시 초기에 반틸에게 영향을 받고 돌아와서 신약학을 하시면서도 변증학에 대한 관심을 늘 가지고 계셨던 박윤선 박사를 언급할 수 있을 것이다. 그가 일평생 동안 계속 강조한 '계시 의존 사색'이라는 말은 바빙크와 반틸의 사상을 번역한 것이다.375) 그는 이런 사상을 지속적으로 강조하였으며, 부산 고려신학교에서 그의 강의를 받은 바 있던 이근삼 박사와 차영배 교수, 허순길 박사, 또한 총신에서 가르침 받고 총신과 합신에서 박윤선 목사님과 늘 같이 하시던 신복윤 교수 등도 이런 사상을 지속적으로 강조하였다.

그러나 안타깝게도 우리나라에서는 '계시 의존 사색'에 대한 용어상의 강조 외에는 그런 강조가 낳아야 하는 구체적인 결과나 그 진행 과정에서 철저한 반틸적 사상이 제시되거나 그런 사상을 더 발전시키는 시도는 그렇게 많지 않았다고 여겨진다. 단지 반틸의 책에 대한 소개는 몇몇 후학들에 의해서 이루어졌으나,376) 그런 책과 더 깊이 대화하면서 반틸적 입장

---

374) 그 대표적인 분들로는 박윤선, 황성수, 손봉호, 김명혁, 이종윤, 서철원 제 교수들을 들 수 있을 것이다.

375) 이 점을 잘 지적한 글로 홍치모, "한국 교회사에 있어서 박윤선 신학", 『박윤선의 생애와 사상』 (합동신학교 출판부, 1995). 297f.; 또한 허순길, 『한국장로교회사』 (대한예수교장로회 총회 출판국, 2002), 400을 보라.

376) 반틸 서적의 번역자들로는 신국원(『변증학』), 위거찬(『기독교 윤리』), 이승구(『개혁신앙과 현대 사상』, 『개혁주의 조직신학 서론』)

을 더 발전시키고 우리들의 상황에 적용한 신학적 논구(論究)도 적었거니와 철학적 논구(論究)와 변증은 더 적었다고 판단된다.377) 아마 그것이 오늘 우리들에게 주어진 과제일 것이다. 우리가 그런 작업을 해 낼 수 있을 때에야 우리는 비로소 반틸은 하나님께서 교회에 주신 '놀라운 은사(a remarkable gift)'였다고, 그리고 "반틸의 사상은 교회가 하나님의 경륜 전체에 헌신하는 일에서와 세상에서 그 사명을 수행해 가는 일에 교회를 힘 있게 하는 일에 전례 없는 가치를 지녔다"고 말할 수 있을 것이다.378)

등을 들 수 있다. 그리고 『칼 바르트의 기독론 비판』에 대해 박아론 박사가 감수와 추천을 하였다.

377) 필자의 판단으로 반틸적 전제주의를 잘 의식하면서 신학 활동을 하려는 이들로 천안대학교의 장동민 박사와 아시아연합신학대학교의 한상화 박사를 들 수 있다고 여겨진다. 반틸적 전제주의에 근거한 그 분들의 다양한 활동을 기대한다.

378) 인용문은 그레그 반센이 쓴 책에 대해 반틸 위원회(the Van Til Committee)를 대표하여 개핀과 올리핀트가 쓴 서문에서 인용한 것이다. Bahnsen, *Van Til's Apologetics*, xvi.

참고문헌

1. 반틸 자신의 저작들

Review of H. Bavinck's *Paedagogiosche Beginselen & De Nieuwe Opvoeding, The Princeton Theological Review* 27. No. 1 (1929): 135-36.

"God and the Absolute", *Evangelical Quarterly* 2 (1930): 358-88.

"A Christian Theistic Theory of Knowledge", *The Banner* 66 (November 6, 1931): 984, 995.

"A Christian Theistic Theory of Reality", *The Banner* 66 (November 20, 1931): 1032.

Christian Apologetics (Syllabus). Philadelphia: Westminster Theological Seminary, 1935.

Theology of Crisis (Syllabus). Philadelphia: Westminster Theological Seminary, 1935.

"Karl Barth on Scripture", *Presbyterian Guardian* 3 (January 9, 1937): 137-38.

"Karl Barth on Creation", *Presbyterian Guardian* 3 (February 27, 1937): 204-205.

"Karl Barth and Historic Christianity", *Presbyterian Guardian* 4 (July 1937): 108-109.

"Reflections on Dr. A. Kuyper", *The Banner* 72 (December 16, 1937): 1187.

"Plato", *Proceedings of the Calvinistic Philosophy Club* (1939): 31-44.

"Kant or Christ?", *Calvin Forum* 7 (1942): 133-35.

The New Modernism. Philadelphia: Presbyterian and Reformed, 1946;

Oxford: Oxford University Press, 1946.

"Nature and Scripture" in *The Infallible Word*. (Ed.) Ned B. Stonehouse and Paul Woolley. 263-301. Philadelphia: Presbyterian and Reformed, 1946.

Common Grace. Philadelphia: Presbyterian and Reformed, 1947.

"Introduction" to B. B. Warfield, *The Inspiration and Authority of the Bible*. 3-68. Philadelphia: Presbyterian and Reformed, 1948.

Review of Edward John Carnell's *An Introduction to Christian Apologetics*, *Westminster Theological Journal* 11 (1948): 45-53.

"Why I Believe in God?", Philadelphia: The Committee on Christian Education of the Orthodox Presbyterian Church, 1948.

"Religious Philosophy: A Discussion of Richard Knoner's Book *Culture and Faith*." *Calvin Forum* 18 (1953): 126-28.

"Has Barth Become Orthodox?", *Westminster Theological Journal* 16 (1954): 135-81.

Christianity and Idealism. Philadelphia: Presbyterian and Reformed, 1955.

Review of Paul Tillich's *Systematic Theology*, Vol. 2. *Westminster Theological Journal* 20 (1957): 93-99.

Is God Dead? Phillipsburg, NJ.: Presbyterian and Reformed, 1960.

"Bavinck the Theologian." A Review Article treating R. H. Bremmer's *Herman Bavinck als Dogmaticus*. *Westminster Theological Journal* 24 (1961): 48-64.

Christianity and Barthianism. Nutley, NJ.: Presbyterian & Reformed Publishing House, 1962.

Christianity in Conflict (Classroom Syllabus). Westminster Theological Semninary, 1962-69.

The Later Heidegger and Theology. Philadelphia: Presbyterian and Reformed, 1964.

The Case for Calvinism. Philadelphia: Presbyterian and Reformed, 1963.

Is God Dead? Philadelphia: Presbyterian and Reformed, 1966.

"Pierre Teilhard de Chardin", *Westminster Theological Journal* 28 (1966): 109-44.

The Confession of 1967: Its Theological Background and Ecumenical

Significance. Phillipsburg, NJ.: Presbyterian and Reformed, 1967.

The Defense of Faith. Revised Third Edition. Phillipsburg, NJ.: Presbyterian and Reformed, 1967. 신국원 옮김. 『변증학』 서울: 기독교 문서 선교회, 1985.

The Doctrine of Scripture. In Defense of the Faith. Vol. I. Phillipsburg, NJ.: Presbyterian and Reformed, 1967.

A Survey of Christian Epistemology. In Defense of the Faith. Vol. II. Phillipsburg, NJ.: Presbyterian and Reformed, 1969.=The Metaphysics of Apologetics (syllabus). Philadelphia: Westminster Theological Seminary, 1932.

A Christian Theory of Knowledge. Nutley, NJ.: Presbyterian and Reformed, 1969.

The Great Debate Today. Philadelphia: Presbyterian and Reformed, 1971.

Jerusalem and Athens: Critical Discussions on the Philosophy and Apologetics of Cornelius Van Til. (Ed.) E. R. Geehan. Phillipsburg, NJ.: Presbyterian and Reformed Publishing Co., 1971.

"My Credo", 1-21.

"Response to Herman Dooyeweerd". 89-127.

"Presponse to Robert D. Knudsen". 298-305.

"Reply to Gordon R. Lewis". 361-68.

"Response to John Warwick Montgomery", 392-403.

"Response to Clark H. Pinnock", 426-27.

The Reformed Pastor and Modern Thought. Phillipsburg, NJ.: Pres. and Reformed, 1971, 19802. 이승구 옮김. 『개혁신앙과 현대사상』 서울: 엠마오, 1984.

Toward a Reformed Apologetics. Philadelphia: privately printed, 1972.

Common Grace and Gospel. Philadelphia: Presbyterian and Reformed, 1972.

An Introduction to Systematic Theology. Phillipsburg, NJ.: Pres. and Reformed, 1974. 이승구 옮김. 『개혁주의 신학 서론』 서울: 기독교문서선교회, 1995.

The New Hermeneutic. Phillipsburg, NJ.: Presbyterian and Reformed, 1974.

Herman Dooyeweerd and Reformed Apologetics (Class Syllabus). Philadelphia: Westminster Theological Seminary, 1974.

Christian Theistic Ethics. In Defense of the Faith. Vol. Ⅲ. Phillipsburg, NJ.: Presbyterian and Reformed, 1974.

Christian Theistic Evidences. In Defense of the Faith. Vol. VI. Phillipsburg, NJ.: Presbyterian and Reformed, 1978.

The God of Hope. Phillisburg, NJ.: Presbyterian and Reformed, 1978.

2. 반틸에 대한 글들

Bahnsen, Greg L. "Socrates or Christ: The Reformation of Christian Apologetics." In *Foundations of Christian Scholarship: Essays in the Van Til Perspective*. 191-239. Edited by Gary North. Valecito, California: Ross House Books, 1979.

_____. "A Critique of 'Classical Apologetics.'" *Presbyterian Journal* 44/32 (December 4, 1985): 6-11.

_____. "Machen, Van Til, and the Apologetical Tradition of the O. P. C." In *Pressing Toward the Mark: Essays Commemorating Fifty Years of Orthodox Presbyterian Church*. 259-94. (Ed.) Charles G. Dennison. Philadelphia: Committee for the Historian of the O.P.C., 1986.

_____. *Van Til's Apologetics: Reading & Analysis*. Phillipsburg, NJ.: Presbyterian and Reformed Publishing, 1998.

Clark, Kelly James. "Reformed Epistemology Apologetics." In *Five Views on Apologetics*. 266-84. Edited by Steven B. Cowan. Grand Rapids: Zondervan, 2000.

_____. "A Reformed Epistemologist's Response to the Presuppositional Apologetics." In *Five Views on Apologetics*. 255-63. Edited by Steven B. Cowan. Grand Rapids: Zondervan, 2000.

Clowney, Edmund. "Preaching the Word of the Lord: Cornelius Van Til, V.D.M." In John Frame. *Cornelius Van Til: An Analysis of His Thought*. 423-43. Phillipsburg, NJ.: Presbyterian and Reformed

Publishing, 1995.

Dennison, William. *Paul's Two-Age Construction and Apologetics*. Lanham, Md.: University Press of America, 1985.

Dooyeweerd, Herman. *A New Critique of Theoretical Thought*. Vol.1. Philadelphia: Presbyterian and Reformed Pub. Co., 1953.

_____. *In the Twilight of Western Thought*. Philadelphia: Presbyterian and Reformed Pub. Co., 1960.

_____. "Cornelius Van Til and the Transcendental Critique of the Theoretical Thought." In E. R. Geehan. Ed. *Jerusalem and Athens: Critical Discussions on the Philosophy and Apologetics of Cornelius Van Til*. 74-89. Phillipsburg, NJ.: Presbyterian and Reformed Publishing Co., 1971.

Ferguson, Sinclair B. et al. Ed. *The New Dictionary of Theology*. Downers Grove, Ill.: InterVarsity Press, 1988.

Frame, John. *Van Til: The Theologian*. Chattanooga, Tenn.: Pilgrim Publishing, 1976.

_____. *Doctrine of the Knowledge of God*. Phillipsburg, NJ.: Presbyterian and Reformed, 1987.

_____. "A Review." *Westminster Theological Journal* 47 (1985): 279-99. Reprinted as "Van Til and the Ligonier Apologetic" in Apologetics to the Glory of God. 219-43 Phillipsburg, NJ.: Presbyterian and Reformed, 1994.

_____. *Cornelius Van Til: An Analysis of His Thought*. Phillipsburg, NJ.: Presbyterian and Reformed Publishing, 1995.

_____. "Presuppositional Apologetics." in *Five Views on Apologetics*. 208-31. Edited by Steve B. Cowan. Grand Rapids: Zondervan, 2000.

_____. "A Presuppositional Apologist's Closing Remarks" in *Five Views on Apologetics*. 350-63. Edited by Steve B. Cowan. Grand Rapids: Zondervan, 2000.

Geehan, E. R. *Jerusalem and Athens: Critical Discussions on the Philosophy and Apologetics of Cornelius Van Til*. Phillipsburg, NJ.: Presbyterian and Reformed Publishing Co., 1971.

Habermas, Gary R. "An Evidentialist's Response to the Presuppositional

Apologetics" in Steve B. Cowan. Edited. *Five Views on Apologetics*. 240-47. Grand Rapids: Zondervan, 2000: 240-47.

Halsey, Jim. *For a Time Such as This*. Phillipsburg, NJ.: Presbyterian and Reformed, 1976.

_____. "A Preminary Critique of *Van Til: the Theologian*." *Westminster Theological Journal* 39 (Fall 1976): 120-36.

Holmes, Arthur F. "Language, Logic and Faith" in E. R. Geehan. Ed. *Jerusalem and Athens: Critical Discussions on the Philosophy and Apologetics of Cornelius Van Til*. 428. Phillipsburg, NJ.: Presbyterian and Reformed Publishing Co., 1971.

Kucharsky, David E. "At the Beginning God: An Interview with Cornelius Van Til." *Christianity Today* 22 (December 30, 1977): 414.

Lewis, Gordon R. "Van Til and Carnell - Part I" in *Jerusalem and Athens*. 351-59. Phillipsburg, NJ.: Presbyterian and Reformed Publishing Co., 1971.

Murray, Ian H. *The Life of John Murray: Professor of Systematic Theology, Westminster Theological Seminary, Philadelphia, Pennsylvania 1937~1966*. Edinburgh: Banner of Truth Trust, 1984.

North, Gary. Ed. *Foundations of Christian Scholarship: Essays in the Van Til Perspective*. Valecito, California: Ross House Books, 1979.

_____. *Dominion and Common Grace*. Tyler, Tex.: Institute for Christian Economics, 1987.

_____. *Westminster Confession: The Abandonment of Van Til's Legacy*. Tyler, Tex.: Institute for Christian Economics, 1991.

Notaro, Thom. *Van Til and the Use of Evidence*. Phillipsburg, NJ.: Presbyterian and Reformed, 1980.

Pratt, Richard. *Every Thought Captive*. Phillipsburg, NJ.: Presbyterian and Reformed, 1979.

Reymond, Robert L. *The Justification of Knowledge: An Introductory Study in Christian Apologetic Methodology*. Phillipsburg, NJ.: Presbyterian and Reformed, 1979. 이승구 역. 『개혁주의 변증학』 서울: 기독교문서선교회, 1989.

_____. *A New Systematic Theology of the Christian Faith*. Nashville, Tennessee: Thomas Nelson Publishers, 1998.

Rushdoony, Rousas J. *By What Standard?* Philadelphia: Presbyterian and Reformed, 1958.

Sproul, R. C. "You Can't Tell a School by Its Name." *Christianity Today* 22 (November 4, 1977): 220.

Sproul, R. C., John Gerstner, and Arthur Lindsley. *Classical Apologetics: A Rational Defense of the Christian Faith and A Critique of Presuppositional Apologetics*. Grand Rapids: Zondervan, 1984.

Stoker, Hendrik G. "Reconnoitering the Theory of Knowledge of Prof. Dr. Cornelius Van Til" in *Jerusalem and Athens: Critical Discussions on the Philosophy and Apologetics of Cornelius Van Til*. 25-71. Phillipsburg, NJ.: Presbyterian and Reformed Publishing Co., 1971.

Vander Stelt, John C. 「Philosophy and Scripture a Study in Old Princeton and Westminster Theology」. Marlton, NJ.: Mack, 1978 =Dissertation, Free University of Amsterdam, 1978.

Weaver, Gilbert. "Man: Analogue of God" in *Jerusalem and Athens*. 321-27. Phillipsburg, NJ.: Presbyterian and Reformed Publishing Co., 1971.

White, Jr., William. *Van Til, Defender of the Faith*. Nashville: Thomas Nelson, 1979.

강승주 옮김. 『반틸의 생애와 사상』 서울: 새순출판사, 1991.

이승구. "Cornelius Van Til 사상에서의 '합리성'에 관한 연구", 『개혁신학에의 한 탐구』 239-51. 서울: 웨스트민스터 출판부, 1995.

_____. "개혁신학의 독특성", 『개혁신학에의 한 탐구』 107-11. 서울: 웨스트민스터 출판부, 1995.

_____. "기독교적 진리 이해", 『기독교 세계관이란 무엇인가?』, 개정판. 145-75. 서울: SFC, 2005.

3. 다른 2차 문헌들

Barker W. and W. Robert Godfrey. Eds. *Theonomy: A Reformed Critique*. Grand Rapids: Zondervan, 1990.

Berkhof, Louis. *Systematic Theology*. Grand Rapids: Eerdmans, 1941.

Berkouwer, G. C. *Man: The Image of God*. Grand Rapids: Eerdmans, 1962.

Bratt, James D. *Dutch Calvinism in Modern America*. Grand Rapids: Eerdmans, 1984.

Buswell, Oliver. *A Christian View of Being and Knowing*. Grand Rapids: Zondervan, 1960.

_____. *A Systematic Theology of the Christian Religion*. 2 Vols. Grand Rapids: Zondervan, 1962-63.

Calvin, John. *Institutes of the Christian Religion*. Edited by John T. McNeill. Translated by Ford Lewis Battles. Philadelphia: Westminster Press, 1960.

Carnell, Edward John. *An Introduction to Christian Apologetics*. Grand Rapids: Eerdmans, 1948.

_____. *A Philosophy of the Christian Religion*. Grand Rapids: Eerdmans, 1952.

Clark, Gordon H. *A Christian View of Men and Things*. Grand Rapids: Eerdmans, 1952.

_____. "The Bible as Truth." *Bibliotheca Sacra* 94 (April 1957): 166.

_____. "Special Divine Revelation as Rational" in *Revelation and the Bible*, Ed. Carl F. H. Henry. Grand Rapids: Eerdmans, 1959.

_____. "How May I Know the Bible is Inspired?" in *Can I Trust My Bible* Chicago: Moody Press, 1963.

_____. *Johannine Logos*. Philadelphia: Presbyterian and Reformed, 1972.

_____. *Three Types of Religious Philosophy*. Nutley, NJ.: Craig, 1973.

_____. *Language and Theology*. Phillipsburg: Presbyterian and Reformed, 1980.

Cowan, Steve B. (Ed.) *Five Views on Apologetics*. Grand Rapids: Zondervan, 2000.

Craig, William Lane. *The Son Rises: The Historical Evidence for the Resurrection of Jesus*. Chicago: Moody Press, 1981.

_____. *Apologetics: An Introduction*. Chicago: Moody Press, 1984.

_____. *The Only Wise God*. Grand Rapids: Baker, 1987.

_____. *Knowing the Truth about the Resurrection*. Ann Arbor, Mich.: Servant Books, 1988.

_____. *Assessing the New Testament Evidence for the Historicity of the Resurrection of Jesus*. Lewiston, NY.: Edwin Mellen, 1989.

_____. "Classical Apologetics" in *Five Views on Apologetics*. (Ed.) Steven B. Cowan. 26-55. Grand Rapids: Zondervan, 2000.

_____. "A Classical Apologist's Response to Presuppositional Apologetics" in *Five Views on Apologetics*. (Ed.) Steven B. Cowan. 232-35. Grand Rapids: Zondervan, 2000.

Davis, Stephen T. *Faith, Skepticism, and Evidence*. Lewisburg: Bucknell University Press, 1978.

_____. *Logic and the Nature of God*. Grand Rapids: William B. Eerdmans, 1983.

_____. *Risen Indeed: Making Sense of the Resurrection*. Grand Rapids: Eerdmans, 1993.

_____. *God, Reason and Theistic Proofs*. Grand Rapids: Eerdmans, 1997.

_____. (Ed). *Encountering Evil: Live Options in Theodicy*. Atlanta: Westminster/J. Knox Press, 1981.

_____. (Ed.) *Encountering Jesus: A Debate on Christology*. Atlanta: Westminster/J. Knox Press, 1988.

_____. (Ed.) *Death and Eternal Life*. London : Macmillan, 1989.

_____. (Ed.) *Philosophy and theological discourse*. New York: St. Martin's Press, 1997.

Edgar, William. "No News Is Good News: Modernity, the Postmodern, and Apologetics", *Westminster Theological Journal* 57 (1995): 359-82.

_____. "Without Apology: Why I Am a Presuppositionalist", *Westminster Theological Journal* 58. No. 1 (Spring 1996): 17-27.

Dennison, James T. Jr. "Geerhardus Vos" in *Bible Interpreters of 20th Century*. Ed. by Walter A. Elwell & J. D. Weaver. Grand Rapids: Baker, 1999. 장세훈 역. 『20세기 복음주의 성경신학자들』 130-47. 서울: 이레서원, 2001.

Frame, John M. *The Doctrine of the Knowledge of God*. Phillipsburg, NJ.: Presbyterian and Reformed, 1987.

_____. *Perspectives on the Word of God: An Introduction to Christian Ethics*. Phillipsburg, NJ.: Presbyterian and Reformed, 1990.

_____. *Medical Ethics: Principles, Persons, and Problems*. Phillipsburg, NJ.: Presbyterian and Reformed, 1994.

_____. *Contemporary Worship Music: A Biblical Defense*. Phillipsburg, NJ.: Presbyterian and Reformed, 1997.

_____. *No Other God: A Response to Open Theism*. Phillipsburg, NJ.: Presbyterian and Reformed, 2001.

Geisler, Norman. *Christian Apologetics*. Grand Rapids: Baker, 1976.

Goldsworthy, Graeme. *Preaching the Whole Bible as Christian Scripture: The Application of Biblical Theology to Expository Preaching*. Grand Rapids: Eersmans, 2000. 김재영 옮김. 『성경신학적 설교 어떻게 할 것인가』 서울: 성서유니온, 2002.

Hanna, Mark. *Crucial Questions in Apologetics*. Grand Rapids: Baker, 1981.

Hamilton, Floyd E. *The Basis of the Christian Faith*. New York: Harper & Brothers, 1927.

Hodge, Charles. *Systematic Theology*. 1872; Grand Rapids: Eerdmans, 1970.

Hoekema, A. A. *Created in God's Image*. Grand Rapids: Eerdmans, 1986.

Kaiser, Walter C. "Robert Dick Wilson" in *Bible Interpreters of 20th Century*. (Ed.) Walter A. Elwell & J. D. Weaver. Grand Rapids:

Baker, 1999. 장세훈 역. 『20세기 복음주의 성경신학자들』 116-29. 서울: 이레서원, 2001.

Kuiper, Herman. *Calvin on Common Grace*. Grand Rapids: Smitter, 1928.

Lewis, Gordon R. *Testing Christianity's Truth Claims*. Chicago: Moody Press, 1976.

Livingstone, William D. 「The Princeton Apologetic as Exemplified by the Work of Benjamin B. Warfield and J. Gresham Machen: A Study in American Theology 1880-1930」 Doctoral dissertation. New Haven: Yale University, 1948.

McArtney, Dan G. "Ned B. Stonehouse", *Bible Interpreters of 20th Century*. (Ed.) Walter A. Elwell & J. D. Weaver. Grand Rapids: Baker, 1999. 장세훈 역. 『20세기 복음주의 성경신학자들』 249-65. 서울: 이레서원, 2001.

McDowell, Josh. *Evidence That Demands a Verdict*. Revised Edition. San Bernardini, CA: Here's Life Publishers, 1979.

Masselink, William. *J. Gresham Machen: His Life and Defence of the Bible*. Grand Rapids: Zondervan, n. d.="Machen as Apologist." Ph. D. Dissertation, Free University of Amsterdam, n. d.

Montgomery, John Warwick. *Christianity and History*. Downers Grove, Ill.: IVP, 1964.

_____. *Where Is History Going?* Grand Rapids: Zondervan, 1969.

_____. "Once Upon an A Priori ⋯" in *Jerusalem and Athens*. Phillipsburg, NJ.: Presbyterian and Reformed Publishing Co., 1971.

Murray, John. "Common Grace." *Collected Writings of John Murray*. Vol. 2, 93-119. Edinburgh: Banner of Truth, 1976.

Nash, Ronald. (Ed.) *Philosophy of Gordon H. Clark*. Philadelphia: Presbyterian and Reformed, 1968.

_____. "Attack on Human Autonomy." A Review of Van Til's *A Christian Theory of Knowledge*, *Christianity Today* 14 (Jan. 16, 1970): 349.

_____. *The Word of God and the Mind of Man*. Grand Rapids:

Zondervan, 1982.

Pinnock, Clark. *Biblical Revelation: The Foundation of Christian Theology.* Chicago: Moody Press, 1971.

_____. *Set Forth Your Case: An Examination Christianity's Credentials* Chicago: Moody Press, 1971.

_____. "The Philosophy of Christian Evidence" in *Jerusalem and Athens*. 422-23. Phillipsburg, NJ.: Presbyterian and Reformed Publishing Co., 1971. JA,

Poythress, Vern S. *Philosophy, Science, and the Sovereignty of God.* Phillipsburg, NJ.: Presbyterian and Reformed, 1976.

_____. *Symphonic Theology*. Phillipsburg, NJ.: Presbyterian and Reformed, 1987.

Schaeffer, Francis. *The God Who Is There*. Downers Grove, Ill.: IVP, 1968.

_____. *Death in the City*. Chicago: IVP, 1969.

Skilton, John H. "Oswald T. Allis" in *Bible Interpreters of 20th Century*. (Ed.) Walter A. Elwell & J. D. Weaver. Grand Rapids: Baker, 1999. 장세훈 역. 『20세기 복음주의 성경신학자들』 196-209. 서울: 이레서원, 2001.

Sproul, R. C. *Objections Answers*. CA.: Regal Books, 1978.

Stonehouse, Ned B. J. *Gresham Machen: A Biographical Memoir*. Grand Rapids: Eerdmans, 1954; 3rd Edition, Philadelphia: Westminster Theological Seminary, 1978.

Swinburne, Richard. *The Concept of Miracle*. London & New York: Macmillan, 1970.

_____. *The Coherence of Theism*. Oxford: Clarendon Press, 1977; Revised Edition, 1993,

_____. *The Existence of God*. New York: Oxford University Press, 1979.

_____. *Faith and Reason*. Oxford: Clarendon Press, 1981.

_____. *The Evolution of the Soul*. Oxford: Clarendon Press, 1986; Second Edition 1997.

_____. *Responsibility and Atonement*. Oxford:

Clarendon Press, 1989.

_____. *Revelation: From Metaphor to Analogy*. Oxford: Clarendon, 1991.

_____. *The Christian God*. Oxford: Clarendon, 1994.

_____. *Providence and The Problem of Evil*. Oxford: Clarendon, 1998.

_____. *Epistemic Justification*. Oxford: Clarendon Press, 2001.

_____. *The Resurrection of God Incarnate*. Oxford: Clarendon Press, 2003.

Young, William S. "The Nature of Man in the Amsterdam Philosophy", *Westminster Theological Journal* 22. No. 1 (Nov, 1957): 1-12.

Warfield, B. B. "Introductory Note" in Francis R. Beattie, *Apologeticsor, or The Rational Vindication of Christianity*. Richmond, Va.: The Presbyterian Committee of Publication, 1903.

_____. *Studies in Theology*. New York: Oxford University Press, 1932.

_____. *Calvin and Augustine*. Ed. by Samuel G. Craig. Philadelphia: Presbyterian and Reformed Pub. Co., 1956.

Webster, R. L. "Geerhardus Vos (1862-1949): A Biogrphical Sketch." *Westminster Theological Journal* 40/2 (1978): 316f.

Wilson, Bill. Compiled. *The Best of Josh McDowell: A Ready Defense*. San Bernardini, CA: Here's Life Publishers, 1990.

이승구 편. 『현대 영국 신학자들과의 대담』 서울: 엠마오, 1992.
이승구. "20세기 말 상황 속의 정통파 장로교 신학자 로버트 레이몬드의 신학 연구". 『국제신학』 3 (2001)
허순길. 『한국장로교회사』 서울: 대한예수교장로회 총회 출판국, 2002.
허 주. "존 그레스햄 메이천과 그의 신약 주해". 『교회와 문화』 9 (2002): 60-127.
홍치모. "한국 교회사에 있어서 박윤선 신학". 『박윤선의 생애와 사상』 수원: 합동신학교 출판부, 1995.

4. 인터넷 자료

http://www.wts.edu/resources/vt.html
http://www.cmfnow.com/articles/PA064.htm.
http://www.wts.edu/general/founders/stonehouse.html.
http://www.leaderu.com/offices/billcraig/
http://en.wikipedia.org/wiki/John_Murray_(theologian)
http://www.wts.edu/general/founders/woolley.html

코넬리우스 반틸

펴낸날	초판 1쇄 2007년 5월 4일
	초판 2쇄 2012년 5월 31일

지은이	이승구
펴낸이	심만수
펴낸곳	(주)살림출판사

출판등록 1989년 11월 1일 제9-210호

경기도 파주시 문발동 522-1
전화 031)955-1350 팩스 031)955-1355
기획·편집 031)955-4694
http://www.sallimbooks.com
book@sallimbooks.com

ISBN 978-89-522-0635-0 04230

※ 값은 뒤표지에 있습니다.
※ 잘못 만들어진 책은 구입하신 서점에서 바꾸어 드립니다.